PRÉCIS HISTORIQUE

DES ÉVÉNEMENS

DE L'ANNÉE 1832.

PRÉCIS HISTORIQUE

DES ÉVÉNEMENS

DE L'ANNÉE 1832.

Par UN ANCIEN MAGISTRAT.

Prix 2 fr. 50 c.

PARIS,

DUMONT, LIBRAIRE,

PALAIS-ROYAL, N° 88, PRÈS LA ROTONDE,

AU CABINET DE LECTURE.

1833.

PARIS, IMPRIMERIE DE P. DUPONT ET G. LAGUIONIE,
Rue de Grenelle-Saint-Honoré, n° 55.

PRÉCIS HISTORIQUE

DES

ÉVÉNEMENS

DE L'ANNÉE 1832.

Au mois de juillet 1830, la révolution se montra grande et généreuse. Ce fut un beau spectacle que la magnanimité de ce peuple en courroux qui, soulevé contre l'oppression, ne connut point, au milieu des ardeurs du combat, l'abus de la victoire. Maintefois l'on a vu de grandes révolutions s'effectuer sans effusion de sang : le peuple expulsa, détrôna sans combats les Tarquins à Rome, les Médicis à Florence et à Londres Jacques II; il n'en fut pas moins honorable pour la France, de suivre d'aussi nobles exemples. Lorsque l'on se rappelait les jours sanglans de 93, voir Charles X, entouré de sa maïson militaire, portant cocarde blanche, traverser paisiblement la France, huit jours après les ordonnances et les combats de juillet, certes ce fut un grave sujet de

1

méditations, ce fut une illustre preuve de l'heureuse influence qu'exercent sur l'esprit des peuples la civilisation et les principes d'humanité! Malheureusement il est rare qu'une révolution soit exploitée par les mains qui l'ont faite. Les hommes de combat, excellens pour détruire, ne valent rien pour édifier. Toujours, après une grande commotion politique, ce sont les intrigans qui recueillent les fruits de la victoire. Aussi, rapetissée entre les mains des hommes qui de toute part accoururent pour exploiter ses succès, la révolution de juillet se montra bientôt indigne de son origine. Machiavel l'observait il y a long-temps, les partis ne prisent la victoire qu'autant qu'elle leur donne le droit d'opprimer les vaincus. Ainsi en 1830, à l'esprit de grandeur qui avait dirigé la révolution, les intrigans qui s'emparèrent du pouvoir substituèrent bientôt une petitesse tracassière; et sans songer que leur conduite était un démenti formel à leurs principes, ils osèrent, après la victoire, organiser la persécution, au nom des hommes qui, pendant la chaleur même du combat, s'étaient montrés généreux.

La révolution s'opéra au nom de la liberté; l'esprit qui l'inspira, sa tendance populaire, tout annonçait dans les principes et dans la marche de l'administration une variation notable, et cependant des années s'écoulèrent avant que ce changement déjà fait en théorie passât réellement dans la pratique du gouvernement. L'on s'attendait à une révolution de principes, l'on ne vit qu'une substitution de personnes; les rôles seuls avaient changé. Tombés dans l'opposition, les anciens soutiens de l'arbitraire devinrent tout-à-coup zélés défenseurs de la liberté; tandis que, parvenus au pouvoir, les libéraux de la restauration trouvèrent tout naturel d'accommoder à leur usage et la rigueur des lois révolutionnaires d'exception et l'arbitraire des décrets impériaux. Du moment où il ne tomba que sur leurs ennemis, le despotisme leur sembla tout naturel.

Abusant de cette disposition des esprits, le ministère sut trouver un moyen facile d'étouffer toute réclamation : sous prétexte que les lois interdisent aux tribunaux le droit de réformer les actes de l'administration, tout devint administratif. S'agissait-il de forcer les portes d'une église, afin de jeter violemment dans le sanctuaire et jusques aux pieds des autels le corps de l'impie, un ordre administratif fermait toute voie de recours aux tribunaux; l'on vit, en vertu d'un simple arrêté, dissoudre une communauté religieuse et déporter hors de France quatre-vingts religieux. Voulait-on priver sans jugement un notaire de son état, un ordre émané de l'autorité administrative faisait apposer le scellé sur ses minutes. Enfin, et ceci semblera plus étrange peut-être, pour empêcher de paraître un journal de l'opposition, l'on plaçait administrativement ses presses sous le scellé.

Ce fut en effet le désir de l'égalité, bien plus

encore que l'amour de la liberté qui détermina la révolution. Le sentiment qui toujours a dominé en France, c'est la vanité : de là cette basse jalousie contre quiconque s'élève au-dessus des autres hommes; de là cette cruelle envie qu'excitent infailliblement une haute naissance, une grande fortune, des emplois éminens ou de gros traitemens. Niveler la société, tel est le but unique que l'on semble se proposer. De là, cette passion d'égalité qui domina la révolution tout entière autant et plus encore que l'amour de la liberté; de là vint que, sans examiner la question d'utilité politique, l'on supprima sans discussion l'hérédité de la pairie. Mais ce désir d'égalité une fois satisfait, l'on se montra facile sur le reste. Les mesures les plus arbitraires trouvèrent de zélés partisans. Il fut aisé de se convaincre alors combien était faible et incomplète notre éducation politique ; l'on supposait qu'il existait en France un vif amour de la liberté, l'on n'y trouva que la haine des priviléges et des Bourbons.

Il arriva, d'un autre côté, que, retenus par la religion du serment, les hommes les plus éminens par leur naissance ou par leur fortune renoncèrent aux emplois publics. Les colléges électoraux mêmes furent abandonnés. A la suite de la révolution le pouvoir ainsi que le choix des députés tomba sous l'influence de cette classe intermédiaire de la bourgeoisie qui, composée de petits propriétaires et de petits commerçans, transporta dans les affaires publiques un esprit étroit et borné. La bourgeoisie a toujours, en France, formé l'ordre le plus recommandable de l'État. Économes, probes et dévoués au souverain, amis surtout de l'ordre et de la tranquillité, les petits bourgeois, en général, sont devenus, pour les gouvernans qui ont su capter leur bienveillance, un ferme soutien. Mais une éducation bornée, des habitudes casanières, un besoin démesuré de l'ordre et de la paix, la crainte surtout de voir compromettre des intérêts matériels qui, de jour en jour, deviennent son plus précieux bien, tout concourt à donner à la bourgeoisie un esprit de petitesse et de parcimonie dont long-temps la révolution subit l'influence. Réglé dans ses dépenses, comme la maison d'un simple marchand, le gouvernement n'adoptait aucun projet sans calculer à l'avance combien ses fonds ainsi employés devaient rapporter. Tarifant mesquinement tous les emplois, et le roi et le dernier commis, l'on affecta de comparer la France aux États-Unis, afin de réduire les dépenses publiques et d'établir un gouvernement à bon marché. Aux projets d'embellissement, l'on substitua le calcul positif des intérêts matériels. De la nation française vaine, brillante, élégante et guerrière, l'on voulut faire un peuple de marchands calculateurs; souvent, en voyant la Chambre des députés réduire impitoyablement au budget le chapitre des beaux arts, l'on se rappela ce mot involontaire qu'arrachait à un Anglais de distinction l'aspect de Versailles : « Le despotisme, cependant, est bon à quelque chose. » En 1793 l'on semait des pommes de terre dans le jardin des Tuileries.

Le même esprit dirigea les relations extérieures du ministère. Appelant par son exemple tous les peuples à la liberté, la France vit la Belgique, la Pologne et l'Italie se soulever en même temps. Les insurgés comptaient sans doute sur l'appui de la France, leur ancienne alliée, ils se trompaient. Préférant avec prudence, avec sagesse peut-être, aux entraînemens de la gloire, le repos et la tranquillité, le ministère sacrifia la Pologne au désir de conserver la paix.

La révolution, cependant, imprimait aux esprits une impulsion que le ministère s'efforçait en vain de combattre. Au mois d'août 1830, la plus entière liberté d'opinion, une indépendance absolue de discussion, se manifestèrent de toutes parts et pénétrèrent jusque dans le clergé. La presse périodique, qui long-temps avait vu son existence menacée, se crut débarrassée des entraves qu'un gouvernement soupçonneux lui imposa jadis. Paris, la France entière, furent inondés de journaux de toutes les couleurs. Tous les partis voulurent défendre leurs principes en face du public, et depuis les républicains jusqu'aux légitimistes les plus purs, depuis le Saint-Simonisme jusqu'à la haute aristocratie, chaque opinion eut ses organes. Méconnaissant l'esprit du jour et la différence des époques, certains écrivains semblèrent même se proposer pour modèles, la Bouche-de-Fer, le Père Duchesne, et tous ces journaux d'exécrable mémoire, qui en 93 entretenaient la fièvre populaire et la soif du sang. Mais si, parmi cette multitude de journalistes que la révolution fit éclore, il s'en trouva beaucoup d'indignes de leur mission, il en est aussi qui surent en comprendre la hauteur.

Au milieu de ce débordement de journaux, destinés pour la plupart à mourir en naissant, il en fut un qui, par la hardiesse de ses doctrines et par le talent de ses rédacteurs, fixa bientôt l'attention publique. Devinant par le génie les événemens futurs, les fondateurs de ce journal le nommèrent l'*Avenir*, et pour épigraphe ils choisirent ces mots : *Dieu et la Liberté*. Leur système étonna les puissances du jour, et confondit les fauteurs de la révolution : prêtres, ils prêchèrent la liberté; catholiques, ils reconnurent et la légitimité de Louis-Philippe, et le droit concédé par Dieu à tous les peuples de résister à l'arbitraire. Les esprits bornés qui dirigèrent la révolution, suivant les idées matérielles et athées du 18ᵉ siècle, se persuadaient qu'après les journées de juillet le catholicisme était anéanti. Dieu, qui compte pour rien les instans, parce qu'il a devant lui l'éternité; Dieu, dont la toute-puissance se plaît parfois à confondre et les futiles projets des hommes et leurs fragiles secours; Dieu laissa tomber, en effet, le prince qui, en France, semblait le plus ferme appui de la religion. Il disparut, et les hommes, inattentifs ou prévenus, demeurèrent convaincus que le catholicisme allait disparaître avec lui. Quel fut donc leur étonnement en le voyant se relever après l'orage, et plus fort et plus pur! Après tant d'agitations et de bouleversemens, au milieu de ce conflit perpétuel d'opinions et de principes, au sein de ce chaos ténébreux où l'esprit abîmé ne trouvait plus rien de fixe ni de certain, chacun sentit enfin la nécessité d'accepter des principes immuables. Quelques hommes de génie comprirent ce besoin du moment et, pour le satisfaire, ils créèrent l'*Avenir*. Longtemps l'on prétendit que le catholicisme conduisait à l'esclavage, que ses dogmes usés et vieillis ne pouvaient convenir à une société renouvelée par une grande révolution; et en 1831 ce furent des prêtres catholiques qui se montrèrent les plus zélés défenseurs de la légalité. L'*Avenir* prouva qu'en France les catholiques pouvaient dominer l'État; il montra le catholicisme appelant en Europe les peuples à la liberté; brisant momentanément les fers de la Pologne; élevant la Belgique au rang des nations, et forçant l'Angleterre à renoncer, par respect pour l'Irlande, aux principes d'intolérance qui, depuis trois siècles, formaient la base de son gouvernement. L'intérêt bien entendu du gouvernement semblait lui imposer l'obligation de protéger un journal qui, exerçant sur le clergé une immense influence, seul, parmi les journaux religieux, applaudissait aux journées de juillet. Mais l'*Avenir* défendait chaudement la liberté, et les ministres n'aspiraient qu'à l'arbitraire. Son opposition d'ailleurs était d'autant plus redoutable que, seule alors, elle était consciencieuse, et tandis qu'en général l'on peut reprocher aux journalistes de changer chaque jour d'opinion, suivant les événemens, les rédacteurs de l'*Avenir* professèrent toujours des principes fixes et immuables comme la religion qu'ils défendaient.

Parmi les conseillers auxquels Louis-Philippe accordait alors une entière confiance, se trouvait un ministre imberbe qui, nourri à l'école de l'empire, y avait sueé les principes d'arbitraire et d'athéisme qui caractérisèrent le règne de Napoléon. Il avait montré quelque courage lors du procès de M. de Polignac à la Chambre des pairs, et depuis cette époque il se croyait un homme d'État. La direction des cultes lui avait été confiée, et supposant apparemment, qu'en France ainsi qu'en Angleterre, le roi est chef de l'Église, il eut la témérité de faire nommer à divers évêchés des ecclésiastiques que repoussait la conscience des catholiques. *L'Avenir* éleva la voix pour signaler cette profanation; il prouva en termes énergiques qu'il n'appartenait point à des hommes qui peut-être ne croyaient pas en Dieu, de donner des pasteurs aux fidèles. Pour prix de leur courage à dire la vérité, les rédacteurs de l'*Avenir* se virent traduits devant une cour d'assises. MM. Lacordaire et de La Mennais durent comparaître en face d'un jury pour y défendre leur doctrine. Il était aisé de la justifier; aussi leur défenseur, M. Janvier, avocat d'Angers, qui, déjà connu en province par de nombreux succès, était venu confirmer à Paris une réputation justement acquise, obtint-il un triomphe complet. Acquittés par le jury, les rédacteurs de l'*Avenir* continuèrent à se livrer sans crainte à la défense du catholicisme et de la liberté.

L'une et l'autre en ce moment avaient besoin de défenseurs : d'un côté, l'esprit de parti conduisait à l'arbitraire; et de l'autre, si parmi les hommes d'étude et de réflexion, si parmi les cultivateurs habitant les campagnes, et parmi les femmes de toutes les classes de la société, l'on remarquait en général un attachement sincère au catholicisme, il est vrai de dire aussi que parmi les artisans des villes, et parmi les fauteurs de la révolution de juillet, la religion comptait bon nombre de zélés adversaires.

Un incident grave, amené par une coupable imprudence, en offrit bientôt la preuve. Le 13 février 1831, arrivait l'anniversaire de l'assassinat du duc de Berry, et mus par le désir secret de braver la révolution, quelques légitimistes résolurent de célébrer en l'honneur du prince un service funèbre dans l'église de Saint-Germain-l'Auxerrois.

La cérémonie, à laquelle l'autorité municipale avait d'ailleurs donné son assentiment, attira un nombreux concours de carlistes, et tout se passa d'abord avec le plus grand calme; mais au moment où l'on allait chanter le *libera*, le bruit se répandit au dehors qu'un élève de St.-Cyr avait poussé la témérité jusqu'à attacher au catafalque une petite gravure représentant Henri V. En un instant le groupe de curieux qui s'était formé aux portes de l'église se grossit de tous les passans qu'arrêtait cette nouvelle : les esprits s'échauffaient; on parla d'entrer dans l'église et d'en chasser les carlistes. Au même instant une troupe de furieux se précipita dans le sanctuaire, le catafalque fut brisé, les ornemens détruits, les autels renversés; les vitraux, la toiture, volèrent en éclats; en un moment la dévastation fut telle que l'on désespère encore de voir jamais rendu au culte l'un des monumens religieux les plus remarquables de Paris. L'administration, par imprévoyance ou par faiblesse, ne prit d'abord aucune mesure afin d'arrêter de semblables désordres; et bientôt elle n'en eut plus le pouvoir. Des misérables, accourus de tous les quartiers de Paris, rivalisaient d'ardeur pour piller et pour détruire. Rien ne put les contenir.— Ce n'est pas tout encore, et l'on ne se borna pas à ces premiers désastres.

Quelques malfaiteurs répétaient à dessein parmi la multitude que l'archevêque de Paris avait autorisé la cérémonie funèbre. Tout-à-coup quelques voix s'élèvent du milieu de la foule pour crier : A l'archevêché! et la tourbe tumultueuse s'y précipite en fureur. A l'archevêché l'on avait à peine réparé les désastres de juillet; au mois de février l'on vit recommencer une scène de dévastation semblable à la première, et plus terrible encore. En 1830, tout en brisant les meubles, l'on respecta du moins les murailles; cette fois la multitude furieuse n'épargna pas même l'édifice. La toiture enlevée, les murs démolis, devinrent un monument de la rage populaire. Pendant deux jours tout Paris fut en émoi. Un funeste effroi, une sorte de stupeur, s'étaient emparés de toute la ville; mais enfin la nécessité de mettre un terme à ces odieux excès se fit pourtant sentir, et comprimant par un noble élan les efforts des factieux, la garde nationale parvint à arracher de leurs mains quelques ruines de Saint-Germain et de l'archevêché.

Si la cause première de cet horrible désastre demeurait incertaine, le résultat au moins n'était pas équivoque et personne ne songea à l'imputer aux carlistes. Ce sont eux cependant que l'on voulut punir. Tel-était en effet depuis long-temps le système de M. de Montalivet, ministre de l'intérieur. Lorsque les héros de juillet, ses amis, commettaient quelque faute, il frappait les carlistes. L'émeute terrible, qui, pendant trois jours, plongea tout Paris dans la consternation, n'était pas encore apaisée, que déjà le télégraphe transmettait dans les départemens l'ordre de diriger des poursuites contre les partisans les plus notables de la dynastie déchue, tandis qu'à Paris l'on en remplissait les prisons.

Tel était l'état de faiblesse et d'injustice où était tombé le pouvoir, lorsque Louis-Philippe sentit enfin la nécessité de lui, rendre quelque grandeur.

Appelé à la présidence du conseil des ministres, M. Casimir Perrier, par sa volonté ferme, imprima à la révolution une marche nouvelle. Aussi fidèle à ses sermens que franchement dévoué à la Charte et à la liberté, M. Perrier avait pendant quinze ans lutté dans l'opposition, sans jamais conspirer. Ennemi de l'arbitraire et non des Bourbons, il ne voulait point la révolution; le fait accompli, il en demanda toutes les conséquences. Une conscience droite, des principes certains, l'at·tachaient à la cause de la liberté; mais, dans l'opposition, ainsi qu'au ministère, il la voulait toujours aussi forte qu'entière et absolue; terrible pour les factieux, protectrice pour les citoyens paisibles; franche surtout et non entourée du cortége odieux des lois d'exception. Sous son ministère les émeutes fortement comprimées cessèrent entièrement: les défenseurs de la légalité comprirent quelle garantie donnait à l'exécution des lois la puissance de sa volonté; les partisans de la dynastie déchue sentirent fléchir leur répugnance en présence d'un homme qui assurait à tous sécurité et protection, ordre et liberté. Lors même que l'influence fatale de M. de Montalivet, lors même que les préjugés ou les passions de quelque agent subalterne arrachaient au président du conseil des actes arbitraires, tout en déplorant son erreur, l'on savait du moins rendre justice à la droiture de ses intentions. Malheureusement pour la France et pour les lois, son apparition au ministère ne fut pas de longue durée. Usé par les combats de la tribune et par les travaux du ministère, M. Casimir Perrier demeura une année à peine au timon des affaires. Le 13 mars 1831 il était entré au ministère, le 16 mai 1832 * il succomba aux atteintes d'une épidémie désastreuse qui, propageant ses ravages avec une effrayante rapidité, en moins d'un mois enleva dans Paris 20,000 habitans.

M. Casimir Perrier était l'ame et la force du ministère : il mourut, et par une incroyable présomption, ses anciens collègues se dispensèrent de le remplacer. Un simple changement d'attributions fit passer M. de Montalivet du ministère de l'instruction publique au ministère de l'intérieur, devenu vacant par la mort de M. Perrier. Depuis ce moment son influence sur la marche des affaires se fit sentir chaque jour davantage. M. Casimir Perrier, en mourant, l'avait

---

* Depuis le 30 avril, son état était désespéré.

en effet débarrassé du seul rival qu'il eût à redouter. Fort du sentiment intime de sa capacité, et de la droiture de ses intentions, M. Casimir Perrier, qui d'ailleurs voulait gouverner, puisque seul il était responsable, M. Perrier, pour condition première de son entrée au ministère, avait exigé que le roi n'assistât point aux séances du conseil; mais Louis-Philippe aimait à gouverner, et M. de Montalivet avait su capter sa bienveillance en lui rendant compte assidûment des délibérations. Aussi, pour reconnaître ses bons services, Louis-Philippe laissa-t-il M. de Montalivet maître absolu de la direction des affaires. Après la mort de M. Perrier les ministres convinrent qu'il ne serait pas remplacé. Ainsi, dans un moment difficile, où la situation politique de la France, tant à l'intérieur qu'à l'extérieur, n'était rien moins qu'assurée, dans un moment où les partis en présence et l'Europe en armes inspiraient de vives inquiétudes, le pouvoir se trouva confié aux mains inhabiles d'un jeune ministre sans capacité, sans expérience. Personne ne pouvait s'abuser sur les conséquences d'un semblable changement dont les suites d'ailleurs ne tardèrent pas à se manifester. Par sa fermeté M. Casimir Perrier avait comprimé les républicains; sa volonté inflexible inspirait toute confiance à la garde nationale et lui communiquait l'énergie dont lui-même était animé. D'un autre côté, en même temps qu'il ralliait à sa cause bon nombre de carlistes, en les protégeant contre les lois d'exception que d'imprudens députés lui offraient à la tribune, il savait, par sa vigilance, déconcerter les projets d'implacables adversaires. La mort de M. Perrier délivra de leurs terreurs tous les ennemis du gouvernement. Les républicains formèrent de nouveaux complots ; les carlistes renouèrent leurs intrigues. L'on parla de guerre civile et d'insurrection. Il semblait difficile, cependant, de réaliser de tels projets. Dans la Bretagne et dans la Vendée, de nombreux détachemens de troupes de ligne occupaient tous les villages ; et leurs colonnés mobiles se croisant en tous sens parcouraient incessamment la contrée. Les bandes insurgées et les réfractaires qui infestaient le pays ne parvenaient à se soustraire aux poursuites que grâce à leur petit nombre et à leur parfaite connaissance des localités. Depuis long-temps organisées sur le papier, les armées vendéennes n'auraient jamais paru en campagne, sans un événement imprévu qui, déconcertant tous les calculs, donna à la Vendée une face nouvelle.

Vers le printemps de l'année 1832 les menées des carlistes devinrent plus actives : l'on essaya de faire passer dans la Vendée des armes et des munitions. Les conférences secrètes des chefs du parti, les courses fréquentes de leurs agens, annoncèrent de nouveaux projets. La duchesse de Berry, on le savait, avait quitté Edimbourg; et, retirée à Massa, dans les États du duc de Modène, elle entretenait des relations suivies avec les nombreux partisans que la dynastie déchue conservait encore dans le midi de la France. Ces intrigues, dont le gouvernement était informé, ne semblaient pas de nature à causer de vives inquiétudes; lorsque tout-à-coup le bruit se répand que la duchesse de Berry a débarqué en France. Partie de Reggio, dans la nuit du 24 avril, sur le Carlo-Alberto, bateau à vapeur, construit et équipé par ses ordres, elle avait pris terre furtivement, le 29, à trois heures du matin, sur les côtes voisines de Marseille, accompagnée du maréchal de Bourmont, de M. de Mesnars et de quelques personnes de sa suite. Averti par quelques fusées lancées du Carlo-Alberto, un bateau pêcheur qui attendait la princesse était allé la prendre à bord. Au même instant, les carlistes s'agitaient à Marseille. Depuis long-temps un mouvement était préparé afin de s'emparer de la ville au nom de la duchesse de Berry; mais les préparatifs nécessaires pour arriver à l'exécution d'un aussi vaste projet ne pouvaient échapper aux regards de l'autorité locale. On remarquait, en effet, une certaine agitation dans les esprits. De l'argent arrivé d'Italie par l'intermédiaire de maisons suspectes, avait été distribué au peuple. A la contenance, au langage de certaines gens notoirement connus pour appartenir au parti carliste, il était aisé de se convaincre que quelque complot allait éclater. L'autorité prévenue se tenait sur ses gardes.

Enfin, le 3o avril, dès quatre heures du matin,

le bruit se répandit dans la vieille ville, que la duchesse de Berry venait de débarquer. Une foule inaccoutumée s'était portée sur l'esplanade qui domine la rade. Tous les regards se portaient vers la mer. Des groupes multipliés où se trouvaient bon nombre d'hommes armés de fusils, de sabres et de pistolets s'y étaient réunis, et des émissaires empressés, se portant fréquemment de l'un à l'autre, exprimaient par leurs gestes la plus vive impatience.

Cependant la foule grossissait à chaque instant, une procession devait avoir lieu ce jour même à Saint-Lazare; tout-à-coup, l'on annonce que la cérémonie n'aura pas lieu, et une multitude de femmes, déjà assemblée à la porte de l'église, pour y assister, se porte vers la Tourette. Aveuglés par leur zèle, et se flattant alors de soulever aisément la population ouvrière, les conjurés se dirigèrent vers la place Saint-Laurent, et là, tandis que quelques-uns des leurs, entrant dans l'église, y sonnaient le tocsin, d'autres arboraient sur le clocher un énorme drapeau blanc qui, destiné à servir de signal, devait être aperçu au large et des côtes qui forment la grande rade.

A Saint-Laurent, la foule se divisa en plusieurs troupes, afin d'envahir à la fois les différens quartiers de la ville. L'une des bandes descendit vers le port et s'empara du poste de la douane.

Pendant ce temps, la principale troupe dirigée par le colonel Lachau et par M. de Bermond-

Legrine, ancien officier de la garde, se portait vers le palais que défendait un peloton d'infanterie de ligne. A l'aspect des insurgés qui s'avançaient aux cris de vive Henri V, précédés d'un large drapeau blanc, les soldats chargèrent leurs armes. Au même instant, un moment d'hésitation se manifesta parmi les insurgés, et tandis qu'afin de les encourager, MM. de Bermond et Lachau se mettent à leur tête, ils sont eux-mêmes saisis, entraînés sous le vestibule du palais et jetés à l'instant dans les cachots. Découragée, privée de ses chefs, la troupe se disperse et s'écoule par les rues voisines.

Sur d'autres points, les conjurés ne furent pas plus heureux; aux grands Carmes et sur la palissade de la Pégoulière, de nombreux rassemblemens d'ouvriers s'étaient formés à la pointe du jour. Des cris, des menaces furent proférés dans les groupes. La nouvelle de l'arrestation de MM. de Bermond et Lachau suffit cependant pour les dissiper.

D'autres bandes parcourant, aux cris de vive Henri V, les rues étroites et populeuses du quartier Saint-Jean, s'efforçaient d'entraîner dans un soulèvement général les ouvriers qui l'habitent; mais trop peu nombreux pour inspirer la confiance, s'adressant d'ailleurs à une population qui n'était ni suffisamment prévenue ni assez préparée à prendre part au mouvement, les conjurés n'excitèrent sur leur passage que la surprise, et bientôt déconcertés de leur isolement, attérés d'ailleurs par l'échec que venait d'éprouver le colonel Lachau, les chefs de l'insurrection prirent le parti de se retirer et tout rentra dans l'ordre.

Les autorités, d'ailleurs, ne demeuraient pas oisives. Depuis une heure, la générale battait dans toutes les rues; les troupes de la garnison, la garde nationale couraient aux armes, et des patrouilles, dirigées sur tous les points, achevaient de dissiper les rassemblemens. Le mouvement avait commencé à quatre heures du matin; à onze heures il était complètement réprimé. Dans la même journée, l'aspect de quelques détachemens dirigés sur les villages voisins suffit pour dissoudre les bandes de paysans armés qui, déjà, se disposaient à marcher sur la ville.

Retirée à quelque distance de Marseille, la duchesse de Berry attendait, pour se montrer, l'issue des événemens. Le coup manqué, il fallut songer à sa sûreté. Dans la soirée du même jour, 3o avril, des signaux partis de Marseille lui annoncèrent le fatal résultat des tentatives du matin. Des fusées éclatèrent sur la vieille ville, un petit ballon illuminé et captif, s'élevant au-dessus des maisons, y brilla quelques instans. Au même moment deux coups de canon se firent entendre dans le lointain au-delà de la grande rade, dans la direction de Carry.

Prévenue par ce signal, la duchesse de Berry ne songea plus qu'à fuir et à se cacher. Un char-à-bancs avait été déposé par trois inconnus dans une petite auberge du village de Gignac, derrière la forêt de Carry, et conduit, pendant la nuit, chez un fermier voisin. Le lendemain, premier mai, les mêmes inconnus vinrent de grand matin reprendre la voiture, et le soleil brillait à peine au-dessus de l'horizon, lorsqu'on l'aperçut descendant la côte de Carry avec six voyageurs. Sur le devant, que recouvrait une capote, paraissait une dame voilée; à ses côtés, un homme d'un certain âge qui conduisait la voiture, et derrière sur un caisson, deux autres voyageurs. Les deux derniers suivaient à pied. Tous paraissaient tristes et pensifs. La jeune dame surtout semblait vivement affligée; la physionomie des étrangers, leur air préoccupé frappa tellement les paysans qui se trouvaient sur leur passage, qu'ils ne purent s'empêcher de s'écrier en les regardant : Voilà des gens qui ont bien plus à penser que nous. Etrangers au pays, les voyageurs s'étaient égarés au milieu des champs. Ils demandèrent le chemin de Marignane et une jeune fille leur servit de guide.

Cependant, après avoir mis à terre la duchesse de Berry et M. de Mesnars, le Carlo-Alberto n'avait point encore rempli sa mission. Les quatorze passagers qu'il avait reçus sur la plage de Reggio, n'avaient pas tous débarqué. Plusieurs d'entre eux étaient restés à bord et leur projet était de se rendre en Espagne, afin de seconder le mouvement de Marseille, en pénétrant en France du côté de Perpignan. Dans ce dessein le Carlo-Alberto se dirigea sur Roses où les passagers abordèrent précisément le 3o avril. Mais la nouvelle des événemens de Marseille y arriva presque en même temps et fit changer leur résolution. Après un funeste échec, il ne restait d'autre parti à suivre que celui de revenir sur les côtes de Provence, dans l'espoir de faciliter à la duchesse de Berry les moyens de quitter la France; ils sortirent donc de Roses le 2 mai, et le lendemain, vers une heure de l'après-midi, ils relâchaient à La Ciotat.

Malheureusement le Carlo-Alberto avait été signalé et depuis plusieurs jours l'on était à sa poursuite. Informé par les agens secrets qu'il entretenait à Massa, du départ de la duchesse de Berry, le gouvernement français avait donné des ordres précis pour que l'on s'emparât de sa personne, afin de la conduire en Corse et de là à Edinbourg. Le Sphynx, bateau à vapeur destiné à cette expédition, sortit en conséquence de Toulon le 29 avril et battit la mer pendant plusieurs jours, sans rien découvrir; mais enfin, le 3 mai, vers deux heures de l'après-midi, le capitaine Sarlat qui commandait le Sphynx aperçut le Carlo-Alberto dans la rade de La Ciotat, et il n'hésita point à s'en emparer. La disposition du bateau, le luxe des ameublemens, les chiffres dont il était orné, ne laissaient aucun doute sur sa destination. Une femme, d'ailleurs, se trouvait à bord, et quoiqu'elle prît le nom de Rosa Staglieno, veuve Ferrari, ses traits, sa taille rappelaient la duchesse de

Berry; le soin même qu'elle mettait à cacher son visage sous un voile épais, ses manières, son silence affecté, tout annonçait en elle la princesse. Trompé par l'apparence, le capitaine Sarlat demeura convaincu qu'il venait de faire une capture importante, et croyant se conformer à ses instructions, il conduisit le Carlo-Alberto dans la rade de Toulon et de là, après une station de quelques heures, à Ajaccio.

Abusée comme lui, la France entière se persuada, pendant plusieurs jours, que la duchesse de Berry était réellement captive. Quelques doutes cependant s'élevèrent bientôt sur le point de savoir si cette femme mystérieuse était bien l'héroïne aventureuse que l'on cherchait. Un aide-de-camp du roi, expédié de Paris, alla donc la reconnaître, et il fut enfin constaté que la prétendue Rosa Staglieno, veuve Ferrari, était mademoiselle Malthilde Lebeschu, dame d'atours de la princesse. Dans les autres prisonniers, l'on reconnut le vicomte de Saint-Priest, duc d'Almazan, M. Adolphe de Bourmont, M. Adolphe Sala et le vicomte de Kergorlay. Ramenés à Toulon, ils y furent détenus.

Le Carlo-Alberto revint également dans la rade, et par suite de recherches minutieuses, l'on parvint à découvrir à bord, sous le vaigrage, le testament olographe de la duchesse de Berry, une petite croix de Malte, des scapulaires en soie blanche avec un cœur brodé, surmonté d'une croix; deux grandes croix de l'ordre de Saint-Ferdinand de Naples avec leurs cordons, enfin une écharpe blanche ornée de fleurs de lys et portant cette devise : *Mon Dieu, mon Roi, ma Dame.*

Le Carlo-Alberto était pris, le complot formé pour s'emparer de Marseille avait échoué complètement, et, sans retraite assurée, sans place de sûreté, la duchesse de Berry se trouva dans une étrange perplexité. C'est alors que ne prenant conseil que de son courage, elle se traça un plan hardi qui réussit par sa témérité même. L'on supposait que, déçue dans ses projets, la duchesse n'aurait plus qu'une pensée, qu'un désir, celui de sortir de France. La plus active surveillance s'exerça donc aux frontières; mais tandis que l'on guettait la princesse au passage du Var, elle traversait paisiblement la moitié de la France et arrivait dans la Vendée le 18 mai.

Si la duchesse de Berry eût été accessible aux préjugés superstitieux qui, souvent, sont l'apanage de son sexe, son arrivée au sein du Bocage lui aurait semblé d'un mauvais augure. Dès la première journée en effet, sa voiture se brisa et versa dans un fossé plein d'eau; mais ce léger incident ne pouvait faire impression sur son âme élevée, et pour rassurer ses partisans, elle n'eut pas besoin, comme César, de dissimuler une chûte. Seulement arrêtée dans sa route, elle se vit obligée de chercher un asile dans la maison d'un gentilhomme voisin.

Repoussée du midi de la France, la duchesse de Berry, dans l'ouest, voulut de nouveau tenter la fortune. Maintefois, lors de la première guerre, en 1793, les Vendéens s'étaient plaints qu'aucun prince de la maison de Bourbon ne daignait se mettre à leur tête, afin de partager leurs dangers, et de comprimer, par sa présence, les dissensions continuelles que faisaient naître entre les chefs, une rivalité constante et une autorité contestée. Depuis le mois de juillet 1830, l'on n'avait vu en campagne que quelques réfractaires, ou de simples paysans, toujours en petit nombre. Au moment où la révolution éclata, les anciens chefs vendéens réunis avaient décidé qu'ils ne prendraient les armes que dans le cas où un prince paraîtrait au milieu d'eux; et confiante dans ces paroles légèrement données dans un moment d'enthousiasme et sans réflexion, la duchesse de Berry venait, deux ans après, en réclamer l'effet. Ses émissaires, d'ailleurs, intéressés à faire valoir leurs services, et dénaturant dans leurs rapports les faits et les intentions, transformaient en armées quelques bandes fugitives, et des promesses vagues en engagemens positifs. Ainsi abusée, la duchesse de Berry crut devoir se montrer afin de prouver qu'elle aussi, elle était l'un des hommes de la famille des Bourbons, et de justifier à l'avance ces mots d'une femme qui long-temps fut attachée à son sort et à sa personne : « Si Marie-Louise avait déployé autant d'énergie que madame la duchesse de Berry pour défendre les droits de son fils, le duc de Reichstadt ne serait pas mort à Vienne ».

Lorsque la duchesse de Berry arriva dans la Vendée, (le 18 mai) rien n'était prêt pour une insurrection. Les armes que l'Angleterre avait distribuées en 1815, étaient détruites ou hors de service. Les dépôts de poudre, soigneusement cachés sous le ministère de M. Decazes, s'étaient détériorés dans les lieux humides où on les avait placés. Quelques kilogrammes de poudre, quelques centaines de fusils de différens calibres, furtivement introduits dans la Vendée, ne compensaient pas même les enlèvemens que faisait opérer le gouvernement en achetant des paysans vendéens leurs armes et leurs munitions. Rien n'était convenu, aucun plan arrêté; propriétaires et fermiers, généraux et soldats ne pouvaient réussir à s'entendre.

Parvenue au sein de la Vendée, la duchesse de Berry s'aperçut enfin avec surprise combien l'état des choses répondait peu à son attente. Au lieu de l'enthousiasme qu'on lui avait promis, elle ne trouva souvent que des refus positifs et de vives remontrances. Il répugnait cependant à la princesse de reconnaître son erreur. En vain le maréchal de Bourmont, dont le coup-d'œil vif et sûr pénétrait aisément la véritable disposition des esprits, s'efforça-t-il de lui démontrer que le succès était impossible, la duchesse de Berry, pour cette fois, ferma l'oreille à ses conseils.

Les anciens chefs royalistes ne furent pas plus heureux. Au nombre des hommes qui, dans les guerres précédentes, s'étaient signalés par leur dévouement et par leurs services, l'on remarquait surtout M. le marquis de Coislin, ancien pair de France, dont l'existence tout entière n'était qu'un long sacrifice à la cause des Bourbons. Dévoué à leurs intérêts il était prêt encore pour les servir à donner sa vie ; mais son exemple devait entraîner bon nombre de ses amis et sentant qu'il devenait responsable de leur sort, il refusa de se compromettre. M. de Coislin pensait d'ailleurs que par son zèle éprouvé il avait acquis le droit de remontrances. Une note, pleine de force et de vérité, fut donc adressée par lui à la duchesse de Berry. Tout en protestant de son dévouement envers la princesse et de sa résolution de se sacrifier, si elle l'exigeait, pour une cause sacrée, M. de Coislin s'efforçait cependant de la détourner de ses projets de guerre civile, en ajoutant que *la pensée seule d'une telle tentative semblait une extravagance*. Mais obsédée de toutes parts, entourée de jeunes gens exaltés et de femmes à têtes ardentes, 'la duchesse de Berry ne voulut rien entendre. Inébranlable dans sa résolution, elle persista à tenter le sort des armes ; il lui répugnait de sortir en fugitive d'une terre chérie où elle espérait régner en conquérante. Lorsqu'une femme d'ailleurs dirigeait l'entreprise, il semblait aussi que des femmes dussent composer son conseil et la duchesse de Berry n'écoutait pas aussi volontiers M. de Goulaine ou M. de Coislin, que madame de Larochejacquelein, madame Charette, mademoiselle de Kersabiec ou mademoiselle de Fauveau qui, l'accompagnant sans cesse, s'érigeaient en aides-de-camp. Ce parti féminin ne put pardonner aux Vendéens prudens et sages leurs représentations; on les appela, par dérision, les *pancaliers*, du nom d'une espèce de choux de Piémont qui ne pomme pas.

De toutes parts cependant arrivaient à la duchesse de Berry des remontrances semblables. Le jour même, pour ainsi dire, où la note de M. de Coislin lui fut présentée, elle en recevait une seconde, non moins pressante, et conçue dans les mêmes termes.

Un comité composé des serviteurs les plus dévoués à la cause des Bourbons, et où figuraient, en première ligne, MM. de Chateaubriand, de Fitz-James et Hyde de Neuville, s'était formé à Paris. Attachés à la royale famille exilée, par sentiment, par principes et par honneur, tous étaient prêts à sacrifier pour une cause sacrée leur fortune et leur vie; mais se rappelant quels préjugés fâcheux avaient excités contre les Bourbons la guerre civile et la guerre étrangère suscitées à leur occasion, les membres du comité refusaient de les compter au nombre des moyens de succès. Selon eux le retour à la légitimité, indispensable au bonheur de la France, était inévitable; la nation bientôt en sentirait la nécessité; il suffisait de s'armer de patience et de savoir attendre, tout en s'efforçant de préparer les esprits et d'amener le peuple à désirer lui-même un changement. Afin de détourner la duchesse de Berry de ses desseins, il fut donc décidé que des remontrances nouvelles lui seraient adressées, et ce fut à M. Berryer, avocat fameux, membre de la chambre des députés, que fut confiée la mission de les présenter à la princesse. Muni d'un passeport pour l'Angleterre à l'aide duquel il espérait faire sortir de France la duchesse de Berry, M. Berryer partit de Paris vers la fin du mois de mai. Arrivé à Nantes le 23, il se fit conduire incontinent auprès de la princesse, dans un château, à quelque distance de la ville. L'entrevue se prolongea pendant plusieurs heures; M. Berryer présenta la note rédigée par le comité de Paris; il y joignit ses propres instances; il pressa, il sollicita, mais en vain; la duchesse de Berry demeura inflexible. M. Berryer partit sans avoir rien obtenu : déjà, suivant les expressions consignées dans une lettre de la princesse, l'ordre était donné de prendre les armes, le 24 mai, *dans toute la France* *.

---

* Le séjour de M. Berryer à Nantes avait excité l'attention des autorités locales; le but de sa mission fut connu, et par là on acquit la certitude que la duchesse de Berry était dans la Vendée. Avis en fut donné au ministère, et par le télégraphe, M. de Montalivet expédia en réponse, l'ordre d'arrêter M. Berryer. Cet ordre fut exécuté le 7 juin à Angoulème, d'où l'on ramena M. Berryer à Nantes, à tra-

Cependant, peu de jours avant l'époque fixée, la résolution fut arrêtée dans le conseil de la duchesse de Berry, de différer la prise d'armes jusqu'au 3 juin. Ces ordres, ces contre-ordres donnés et révoqués presqu'en même temps, jetaient de l'incertitude et de la défiance parmi les carlistes, et sur-le-champ, les principaux chefs en firent l'observation. Un autre inconvénient d'ailleurs, beaucoup plus grave, se fit bientôt sentir; quelque bien servie que fût la princesse, ses émissaires cependant ne pouvaient transmettre ses ordres avec la même célérité que des courriers régulièrement organisés. Les messagers éprouvèrent des retards, des lenteurs, et tandisque les communes situées à la porte de Nantes, et où résidait alors la duchesse, se conformaient à ses instructions, partout ailleurs elles arrivèrent trop tard et le mouvement eut lieu au jour fixé, le 24 mai. A cette époque en effet, une certaine agitation se manifesta dans toute la France. Du 22 au 28 mai, le drapeau blanc fut arboré à Uzès et à Soissons, au château d'Avignon, dans la Camargue, et aux environs de Fougères, de Grenoble et de Parthenay.

---

vers mille dangers. Dans plusieurs villes, la populace menaça de le massacrer. Bientôt après, au moment des troubles de Paris, le ministère fit arrêter MM. Hyde de Neuville, de Fitz-James, et de Chateaubriand, rédacteurs de la note dont M. Berryer était porteur. Mais cette arrestation, ordonnée à la légère, ne pouvait être de longue durée ; on les relâcha au bout de trois jours. Moins heureux M. Berryer, pendant six mois, attendit en prison l'arrêt d'une cour d'assises qui devait le rendre à la liberté.

Dans les départemens de la Haute-Saône, des Vosges, de l'Ain, de la Meurthe, de la Haute-Marne, de l'Allier, de graves émeutes éclatèrent à l'occasion du haut prix des grains, motif toujours puissant sur l'esprit du peuple et que les agitateurs politiques ne manquent jamais d'exploiter à leur profit.

Ces mouvemens simultanés, sur tous les points de la France, ne pouvaient échapper à l'attention publique. On ne tarda pas à en découvrir la cause, lorsqu'une lettre de la duchesse de Berry, saisie plus tard, fit connaître que la prise d'armes était fixée au 24 mai. Mais si, dans toute la France, la dynastie déchue comptait encore bon nombre de partisans, dans la Vendée seulement leur zèle, excité par la présence de la duchesse de Berry, se montra assez ardent pour courir aux armes; et encore, par suite de malentendus, les opérations manquèrent d'ensemble et d'unité; tandis que dans certaines communes l'élan se trouvait momentanément comprimé, dans celles où les dernières instructions de la duchesse de Berry n'étaient pas parvenues, un simulacre d'insurrection éclata réellement le 24 mai. Pendant la nuit une quarantaine d'hommes se présentèrent au port la Claye, au fond de la Vendée; et quoique repoussés avec perte de quelques-uns des leurs, ils y répandirent l'alarme. Une autre bande, à qui l'on avait assigné pour rendez-vous la forêt d'Armailloux, fut dissipée avant d'être entièrement réunie. Au même instant quelques rassemblemens essayèrent de se former dans les arrondissemens de Vitré, de Laval et de Château-Gontier. Divers engagemens eurent lieu à la Gravelle, à Bierné, et aux environs de Sablé ; mais partout poursuivies par des forces supérieures, cernées, traquées dans les bois par les nombreuses colonnes mobiles qu'un seul mot avait mises sur pied pour les combattre, ces bandes, d'ailleurs peu nombreuses, se virent forcées de se disperser presque sans combat. Tués, pris ou réduits à se cacher, les chefs disparurent. Les paysans insurgés regagnèrent leurs chaumières. A peine si dans ces escarmouches insignifiantes il périt une vingtaine d'hommes. Au bout de trois jours les gardes nationales mobilisées rentraient dans leurs foyers, et les journaux du ministère annonçaient hautement à toute la France que la Vendée était pacifiée. Cependant afin de se ménager les moyens de sévir promptement et avec rigueur contre les insurgés qui, saisis les armes à la main, encombraient les prisons, le gouvernement saisit le prétexte de cette insurrection pour déclarer en état de siége toutes les communes composant les arrondissemens de Vitré, de Laval et de Château-Gontier.

A cette époque, le premier juin, les communes insurgées avaient fait leur soumission ; la guerre semblait terminée, lorsque tout-à-coup elle éclata sur un autre point, avec plus de vigueur.

Le séjour de M. Berryer à Nantes avait appris

que la duchesse de Berry n'én était pas éloignée. Un autre incident confirma ce fait, et fit tomber entre les mains du gouvernement des pièces importantes.

Fréquemment inquiété par des visites domiciliaires au château de Carheil, sa résidence ordinaire (dans les environs de Savenay), M. le marquis de Coislin était venu chercher un asile obscur et tranquille chez M. Lelieure de Laubépin, à La Charlière, à peu de distance de Nantes, sur les bords de l'Erdre. Du fond de sa retraite, M. de Coislin continuait à correspondre avec la duchesse de Berry : il en recevait de fréquentes instructions, et toutes ses dépêches, ainsi que la copie de celles que lui-même adressait à la princesse, étaient soigneusement conservées dans des bouteilles cachetées et déposées sous un buisson. Avis en fut donné à Nantes, et le 3o mai une perquisition au château de La Charlière amena la découverte de ces papiers importans. Des lettres autographes de la duchesse de Berry d'une date récente, quelques notes en chiffres aisément expliquées, firent connaître et le complot et ses auteurs. D'un autre côté, trompé par une certaine ressemblance, ou plutôt par les discours et par les manières de madame de Laubépin, le général d'Hermoncourt, qui se trouvait alors à la Charlière, crut reconnaître en elle la duchesse de Berry : en ce moment on la voyait partout. Il se hâta donc d'annoncer à Nantes qu'il tenait *Caroline*. A cette nouvelle, toute la

garde nationale, réveillée en sursaut, passa la nuit
sur pied sous une pluie battante ; de nouveaux
détachemens de troupes de ligne se dirigèrent
vers La Charlière, et les premières autorités de la
ville et du département, assemblées à la hâte, accoururent afin de constater l'identité de la princesse. C'est alors seulement que madame de Laubépin fut reconnue et rendue à la liberté.

Cependant les pièces officielles saisies à La
Charlière, les insurrections qui récemment ve-
naient d'éclater dans les départemens d'Ille-et-Vi-
laine, de la Sarthe et de la Mayenne, firent conce-
voir quelques inquiétudes pour la tranquillité de la
Loire-Inférieure. Un ordre du jour instruisit la
garde nationale de Nantes des dangers dont la
ville était menacée.

Dans le public pourtant l'on n'en pouvait croire
encore la réalité Aux yeux de tout homme sensé
et de sang-froid, une tentative d'insurrection aux
portes de Nantes, lorsque la Vendée proprement
dite demeurait tranquille, offrait si peu de chan-
ces de succès que l'on se refusait à penser qu'il
existât des hommes assez insensés pour oser l'essayer. Il fallut cependant se rendre à l'évidence.

Le 4 avril au matin, de nombreux émissaires
arrivés à Nantes des communes voisines, annon-
cent que la rive gauche de la Loire est en pleine
insurrection. Des rassemblemens d'hommes armés
s'étaient formés la nuit précédente, et après avoir
erré à travers les forêts, ils parurent en force le

matin , sur les Landes et dans les villages. Plusieurs bourgades furent envahies. Les brigades de gendarmerie isolées, les gardes nationales rurales, avaient rendu leurs armes. L'on savait d'ailleurs que le maréchal de Bourmont accompagnait la duchesse de Berry et qu'un neveu du général Charette était venu essayer dans la Vendée la magie de son nom.

Mais les Vendéens avaient affaire à des ennemis aussi habiles qu'infatigables , qui ne leur laissèrent le loisir ni de rassembler , ni de grossir leurs bandes. Du moment où le projet d'insurrection fut connu, à l'instant où l'on eut connaissance du mouvement qui se préparait, les généraux Solignac , d'Hermoncourt et Rousseau, qui commandaient à Nantes et dans la Vendée, dirigèrent sur tous les points des forces plus que suffisantes pour écraser les insurgés. Surpris à l'improviste , attaqués, accablés avant même d'avoir pu s'organiser, les insurgés furent promptement dissipés ; et presque nulle part l'on ne vit d'engagement sérieux. Un fait incroyable et cependant certain c'est que la plupart des paysans n'avaient point été prévenus à l'avance. Les chefs se croyaient assez sûrs des dispositions de leurs hommes pour leur ordonner de marcher à l'instant même. Le plus grand nombre cependant refusa de s'insurger. A peine si quelques centaines de paysans, la plupart sans armes, parurent aux lieux désignés pour les rassemblemens. Au Pont James les insurgés furent repousses avec perte. A Montjean la garde nationale se défendit vaillamment dans le château, et força les assaillans à se retirer. Enfin quelques compagnies de grenadiers délogèrent aisément deux ou trois cents insurgés qui le lundi s'étaient emparés de Maisdon, bourgade située à quelques lieues de Nantes.

Dans cette guerre de trois jours, l'on citerait à peine un engagement digne d'être raconté en détail. Il en est un cependant qui, sans importance réelle, mérite pourtant d'échapper à l'oubli, tant par le courage désespéré que déployèrent les Vendéens surpris, que par les récits fabuleux auxquels il a donné naissance. Le mercredi 6 juin une troupe d'insurgés, au nombre d'une cinquantaine, appartenant pour la plupart aux familles notables du pays, était venue chercher un refuge à la Pénissière de la Cour, grosse ferme * située à quelque distance de Clisson. Après deux jours de combats, de marches et de fatigues, ils espéraient prendre quelque repos dans ce lieu solitaire; mais déjà leur retraite avait été signalée à Clisson, et sur-le-champ un nombreux détachement de gardes nationaux et de troupes de ligne reçut l'ordre de l'investir. S'attendant à ne trouver dans une ferme isolée que quelques fugitifs incapables de

---

* A une époque où l'imagination grossissait tous les objets, la ferme de la Pénissière fut transformée en château, de même que le modeste manoir de M. de Laroberie, et l'humble presbytère de Ligné.

résister, la colonne s'avancait sans précaution et
pénétra jusque dans la cour; mais au même instant un feu terrible, parti de toutes les fenêtres,
fit tomber bon nombre des assaillans et força les
autres à se retirer. Rendus plus circonspects par
ce premier échec, les assaillans se tenaient à l'é-
cart lorsqu'un second détachement, attiré par le
bruit de la fusillade, se présenta à son tour. Indi-
gnés de la prudence de leurs devanciers qu'ils
taxaient de lâcheté, les nouveau-venus s'avancèrent hardiment sous les murs de la ferme. Le même
accueil les attendait : ils se virent également contraints à rétrograder en laissant sur le carreau bon
nombre des leurs.

De l'intérieur de la ferme cependant l'on continuait à diriger sur la ligne un feu meurtrier.
Tandis que parmi les assiégés quelques-uns se bor-
naient à charger les armes, les autres, habiles chas-
seurs, tiraient par les fenêtres avec une prompti-
tude et une adresse qui bientôt causa du vide dans
les rangs des assaillans. En vain ceux-ci se bor-
naient-ils à escarmoucher de loin ; un homme ne
pouvait se montrer à découvert sans être atteint.
Les assiégeans perdaient ainsi beaucoup de monde,
tandis qu'à l'abri derrière leurs murailles, les assiégés comptaient à peine quelques blessés. Les
insurgés, en même temps, donnaient du cor aux
fenêtres les plus élevées de la ferme, dans l'espoir
d'attirer du secours. Mais, par une sorte de fatalité,
les vents contraires empêchaient d'entendre, du

côté d'où il pouvait leur venir, et les fanfares et la fusillade. Une soixantaine de paysans seulement se présentèrent sur les derrières de la ligne afin de faire diversion. Plusieurs d'entre eux furent tués en combattant. L'attaque cependant se prolongeait depuis plusieurs heures et les assaillans n'avaient fait aucun progrès. Surpris, confondus, d'une aussi vigoureuse résistance, étonnés surtout de ces fanfares militaires qui semblaient une bravade, les assiégeans demeurèrent convaincus que la duchesse de Berry se trouvait en personne dans la ferme et que ses défenseurs avaient juré de s'ensevelir sous des ruines; ils oubliaient cette maxime des braves :

Una salus victis nullam sperare salutem.

Après six heures d'un combat meurtrier, désespérant d'entrer de vive force dans la ferme, les assaillans résolurent d'en déloger leurs ennemis en y mettant le feu. Une petite écurie attenant au bâtiment principal en ouvrit l'entrée. Des fagots entassés prennent feu subitement, la flamme se communique rapidement dans toutes les parties de l'édifice; bientôt la ferme entière paraît embrasée, et les assaillans, poussant des cris de joie, contemplent immobiles les progrès de l'incendie. Toujours de sang froid, les assiégés pourtant profitèrent habilement de cet instant de distraction, et tandis que leurs ennemis, croyant déjà les voir ensevelis sous les décombres, oubliaient de se

tenir sur leurs gardes, les Vendéens réunis s'é-
lancent par une porte de derrière, et fondent sur
la ligne des assaillans qui, trop faible pour leur
résister, s'ouvre afin de leur laisser passage.
Quelques-uns des leurs, retardés par leurs bles-
sures, sont atteints par les balles et restent sur
le carreau; les autres, franchissant rapidement
l'espace, échappent aux flammes et au fer, tandis
que sept ou huit combattans renfermés dans une
chambre que l'incendie avait épargnés, s'y tiennent
cachés, et parviennent à s'échapper après le départ
des troupes de ligne.

Tel fut le combat de La Pénissière si étrange-
ment défiguré, mais qui, dépouillé du merveilleux
dont on a prétendu l'embellir, demeure encore
l'un des faits d'armes les plus étonnans que re-
tracent nos annales. L'on ne saurait se lasser d'admirer le courage de ces hommes qui, au nombre
de cinquante au plus, et sans espoir de succès,
résistèrent tout un jour au feu d'un bataillon.

Le même jour où de zélés serviteurs se dé-
vouaient pour elle avec une si noble intrépidité,
la duchesse de Berry, qui plusieurs fois traversa
la Vendée avec une hardiesse admirable, se trouvait alors dans une petite ferme non loin d'Aigre-
feuille, à peu de distance des landes de la Bouaine
et du Chêne. Cette vaste plaine dans une contrée
écartée semblait commode pour un rassemblement:
ce fut le lieu que choisirent les Vendéens pour se
réunir et se concerter. Le mercredi 6 juin, cent cin-

quante ou deux cents paysans se rassemblèrent
sur la lande de Bouaine et tous les chefs convoqués
vinrent se joindre à eux. L'on y remarquait aussi
bon nombre d'anciens officiers de la garde et de
jeunes gentilshommes qui, sachant que la duchesse
de Berry était dans la Vendée, étaient accourus de toutes les parties de la France lui offrir leurs
services. S'imaginant assister à un conseil de guerre
et non à un combat, plusieurs d'entre eux s'étaient
rendus à la Bouaine sans armes, la canne à la main.
Mais depuis deux jours que l'insurrection avait écla-
té, de nombreuses colonnes mobiles parcouraient
incessamment la contrée, et l'une d'elles tomba à
l'improviste au milieu du rassemblement. Au premier aspect, les paysans insurgés ne s'en montrèrent point effrayés. Depuis six mois on leur répétait
sans cesse que la troupe de ligne était gagnée;
que pour se déclarer elle n'attendait qu'une occasion favorable, et de malheureux paysans aveuglés avaient fini par se le persuader. En aperce-
vant les grenadiers marcher sur la lande, ils
s'avancèrent donc en criant Vive Henri V, afin de
fraterniser avec eux; mais accueillis par une grêle
de balles, il fallut bien revenir d'un funeste aveu-
glement et songer à se défendre. Quoique surpris,
les insurgés cependant se remirent promptement;
et, chargeant vivement cette première colonne, au
reste peu nombreuse, ils la forcèrent à reculer :
mais le bruit de la fusillade attira de nouveaux
ennemis; plusieurs détachemens de troupes de

ligne parurent à la fois de différens côtés et, cernés de toutes parts, pris entre deux feux, les insurgés ne songèrent plus qu'à la retraite. Ils abandonnèrent le champ de bataille après avoir fait des prodiges de valeur.

Du fond de sa retraite la duchesse de Berry entendait la fusillade; elle distinguait les coups qui portaient la mort dans les rangs de ses défenseurs. Enfin l'on vint lui annoncer que tout était perdu et dès le lendemain elle alla chercher un asile à Nantes. De leur côté le maréchal de Bourmont et M. de Charette déclarèrent hautement qu'il ne restait rien à faire et que pour eux ils allaient se retirer en Angleterre. Après quelques fatigues et mille dangers ils parvinrent en effet à s'y rendre.

Incapables désormais de tenir tête à leurs ennemis, n'osant plus paraître en campagne, les bandes insurgées ne tardèrent pas à se dissoudre. Réduits à fuir et à se cacher, les chefs durent songer à leur salut, tandis que, protégés par leur obscurité, trop petits pour mériter des poursuites, les paysans rentrèrent paisiblement dans leurs chaumières. Trop heureux de voir ainsi la guerre terminée presque sans coup férir, le gouvernement, pour le moment du moins, ne songea point à les inquiéter. L'on se contenta d'enlever les armes que l'on put découvrir afin de les transporter dans les arsenaux. En moins de trois jours la Vendée fut pacifiée et le calme se rétablit.

La guerre était terminée, une tentative malheureuse, en prouvant aux Vendéens leur faiblesse, devenait un précieux gage de paix, toute mesure de rigueur semblait donc inutile. C'est alors, cependant, qu'exhumant de l'arsenal révolutionnaire une loi de proscription abrogée par la Charte, M. de Montalivet, à la suite d'un long rapport au roi, présenta une ordonnance qui déclarait en état de siége les quatre départemens de Maine-et-Loire, des Deux-Sèvres, de la Loire-Inférieure, et de la Vendée. Ce n'est pas tout, une circulaire ministérielle, commentant cette ordonnance, ordonna d'organiser partout, dans les quatre départemens, des commissions militaires, afin de faire condamner plus sûrement tout homme accusé d'avoir excité ou favorisé la guerre civile. La Charte ainsi violée d'une façon odieuse, il semble qu'une seule voix devait s'élever pour flétrir cette mesure illégale. Mais lorsque l'esprit de parti domine, la raison n'a plus d'empire. Au lieu de blâmer hautement une illégalité flagrante, la plupart des journalistes de Paris s'empressèrent d'y applaudir ; elle ne frappait en effet que de pauvres paysans carlistes. Ils étaient loin de prévoir alors qu'une ordonnance dirigée contre d'obscurs Vendéens pouvait atteindre aussi les écrivains de Paris. Ils oubliaient que lorsqu'on laisse sans résistance établir l'arbitraire, il n'épargne personne. M. de Montalivet se chargea de le leur apprendre.

Toujours opposés dans leurs vues et dans leurs principes, les carlistes et les républicains, cependant, depuis la révolution de juillet se trouvaient souvent réunis par leur esprit d'opposition et par des tentatives de complot contre le gouvernement de Louis-Philippe. Sans marcher de concert, ils savaient pourtant, agissant en même temps, unir leurs efforts contre l'ennemi commun. C'est ainsi qu'au moment où le mouvement carliste éclatait dans la Vendée, un complot républicain se formait à Paris. Il semblait aux conspirateurs, que pressé de toutes parts, attaqué par tous les partis, le gouvernement serait hors d'état de résister. Depuis long-temps exaspérés par la marche du ministère, ennemis déclarés des principes monarchiques, furieux enfin de voir que remplaçant un roi, un roi profitait d'une révolution qu'ils avaient faite, les républicains ne négligeaient aucune occasion de susciter des émeutes qui, entretenant dans Paris l'agitation et l'inquiétude, disposaient les esprits à une révolution nouvelle. Aussi long-temps que M. Perrier dirigea le pouvoir, les attentats de ce parti, vigoureusement comprimés, causèrent peu d'inquiétude. Sous son ministère, les républicains, à peu d'exceptions près, demeurèrent paisibles; mais à peine sa mort les eut-elle délivrés d'un adversaire redoutable, qu'ils conspirèrent de nouveau, et cette fois sur un plan vaste et avec des projets mieux arrêtés. Des dépôts considérables d'armes et de munitions se formèrent au sein de Paris. Des conciliabules fréquens réunirent les conjurés; l'on assigna à chacun son poste; les rôles furent distribués. Un club, qui s'arrogeait le titre de société des Amis du Peuple, était le foyer où se rassemblaient d'ordinaire les conspirateurs les plus ardens. Le 1er juin cependant la police ferma les portes de la salle où la société tenait habituellement ses séances, et fit saisir trente et un des plus mutins; mais cette mesure tardive était insuffisante pour réprimer des complots sur le point d'éclater.

Aucun chef ostensible et marquant n'était nommé : aux yeux d'une foule de jeunes gens exaltés, pour faire proclamer la république, il n'était pas nécessaire de présenter un nom qui servît de bannière. Parmi les conjurés, les plus prononcés appartenaient en général aux écoles savantes. On remarquait aussi parmi eux bon nombre de héros décorés de juillet. Ceux-ci semblaient prendre à tâche en effet de démontrer à Louis-Philippe qu'envers eux il pouvait se dispenser de la reconnaissance, et, dans le fait, c'est bien gratuitement que les ministres décernèrent en son nom des pensions, des décorations et des faveurs de toute espèce à des hommes qui, pour la plupart, n'avaient jamais pensé à agir dans son intérêt.

Ainsi donc, au moment où l'insurrection éclata dans la Vendée, tout était prêt à Paris pour porter un grand coup. Les conjurés n'attendaient qu'une occasion favorable; ils s'imaginèrent la trouver le 5 juin, jour fixé pour les obsèques du général

Lamarque, député marquant, qui siégeait d'ordinaire sur les bancs de l'opposition.

Lorsque Perrier mourut, ses amis, les partisans de son système, affectèrent de donner à son convoi une imposante majesté. M. Perrier représentait cette partie de la nation qui, désignée sous le nom de *juste-milieu*, et détestant également et les principes absolus des carlistes et les maximes révolutionnaires des républicains, se prononçait fortement pour l'ordre établi. Ce parti, composé de nuances différentes, comprenait les philippistes purs et tous les citoyens qui, par apathie, par crainte ou par sagesse, redoutent les révolutions. Aussi bon nombre de pairs et de députés, une foule immense composée de gardes nationaux et d'habitans de Paris de toutes les classes, affectèrent-ils de se montrer au convoi de M. Perrier, afin de protester, pour ainsi dire, de leur dévouement à ses principes. Il semblait que tout Paris l'accompagnait à sa demeure dernière, et ce concours immense devint un texte heureux que les journaux ministériels commentèrent longuement afin de prouver que la France entière, représentée par sa capitale, se prononçait en faveur du système dont Casimir Perrier fut long-temps l'expression vivante.

Quinze jours plus tard, quand Lamarque expira, les républicains à leur tour conçurent le projet de démentir par une cérémonie semblable cette fausse induction; en conséquence, rassemblant tout leur monde, convoquant toutes leurs forces, ils résolurent d'assister en masse aux funérailles du général Lamarque et de braver l'autorité. L'on savait d'ailleurs qu'avec M. Perrier le ministère avait perdu toute son énergie, et les républicains espéraient profiter d'un premier moment de faiblesse pour porter un coup décisif. Le plan fut arrêté le 4 juin au soir, et des proclamations séditieuses répandues avec profusion dans les casernes, excitèrent les soldats à la révolte. Le 5 juin, à l'heure indiquée pour la cérémonie funèbre, une foule immense occupait et la rue Royale, vis-à-vis la demeure du général Lamarque, et tout le quartier adjacent. Des groupes nombreux de curieux encombraient toutes les issues. Des artilleurs de la garde nationale en uniforme, des jeunes gens appartenant à l'école Polytechnique, aux écoles de Droit et de Médecine, à l'école vétérinaire d'Alfort, des ouvriers de diverses professions s'y étaient rassemblés en grand nombre; presque tous porteurs d'armes cachées, de pistolets de poche, de poignards ou de cannes à dards. Prévenu de ce qui se tramait le gouvernement, de son côté, avait pris ses mesures : tous les agens de police reçurent l'ordre de se tenir à leur poste, et sous prétexte de rendre au général Lamarque les honneurs militaires dus à son rang, l'on mit sur pied de nombreux corps de troupe. Huit cents hommes faisaient partie du convoi; trois bataillons d'infanterie occupaient la place de la Bastille, le Luxembourg et la place de Grève; et tandis qu'un escadron du 2ᵉ dragons était stationné à la Halle aux vins, quatre escadrons de carabiniers garnissaient la place Louis XV. Le reste de la garnison était consigné, et dans la journée l'on donna l'ordre aux troupes casernées à Ruel, à Saint-Denis et à Courbevoie, de se rapprocher de Paris. A dix heures du matin, le cortége se mit en marche le long des boulevards, afin de gagner par la place de la Bastille et le pont d'Austerlitz la route de Bordeaux. Le général Lamarque avait exprimé le désir d'être inhumé à Eyres, sa patrie, dans le département des Landes.

Tous les assistans, suivant l'ordre prescrit à l'avance, se divisèrent par groupes ou par pelotons, ayant chacun leur bannière distincte qui servait à les faire reconnaître. On lisait sur les drapeaux : *Les Imprimeurs au général Lamarque ; les Teinturiers au général Lamarque ; Société de l'Union de Juillet ; Société des Droits de l'Homme ; Société des Amis du Peuple ; Ecoles de Droit, de Médecine, de Pharmacie, d'Alfort;* puis l'on voyait marcher avec leurs drapeaux distincts, les réfugiés polonais, allemands, italiens, portugais et espagnols.

Le cortége défila d'abord avec calme : cependant, parvenu à la hauteur de la rue de la Paix, les cris *à la colonne! à la colonne!* se firent entendre. Quelques perturbateurs forcèrent violemment le convoi à s'écarter de l'itinéraire fixé, pour faire le tour de la place Vendôme. Afin d'éviter tout prétexte de collision, les agens de l'autorité présens sur les lieux n'opposèrent aucun obstacle, et le convoi revint sans tumulte aux boulevards.

A quelques pas de là, au moment où le char funèbre arrivait à la hauteur de la rue de Grammont, M. le duc de Fitz-James debout et couvert, se tenait au balcon d'un hôtel qui occupe l'angle de cette rue. Du sein de la foule bon nombre de voix lui crièrent de se découvrir : il refusa. C'est alors qu'animés de cet esprit d'intolérance égoïste et étroit dont sans cesse ils ont donné des preuves à toutes les époques de notre révolution, les républicains se portèrent aux plus graves excès. Ceux-là mêmes qui crieraient à la tyrannie si on leur commandait de se découvrir devant un cercueil précédé d'une croix, prétendirent contraindre M. de Fitz-James à s'incliner devant le corps d'un homme qu'ils transformaient en bannière politique.

Sur son refus une grêle de pierres lancée contre l'hôtel en cribla la façade; les vitres, les fenêtres et les glaces volèrent en éclats. M. le duc de Fitz-James eut à peine le loisir de se soustraire par une prompte fuite à la rage de ces forcenés.

Après cet incident, qui n'arrêta qu'un moment le convoi funèbre, le cortége reprit sa marche le long dés boulevards. Depuis ce moment, la foule des assistans conserva un aspect menaçant, dont les bons citoyens se montrèrent justement alarmés. A chaque instant, du sein d'une multitude effrénée, s'élevaient des cris provocateurs : *Vive la liberté ! Vive la république ! A bas Louis-Philippe !* Le char funèbre suivit ainsi les boulevards dans toute leur longueur, et, traversant la place de la Bastille, arriva sur l'esplanade, en face du pont d'Austerlitz. C'est là que, laissant aux fils du général Lamarque le soin d'accompager dans ses terres sa dépouille mortelle, le cortége devait se disperser. Au moment de se séparer, le maréchal Clauzel, ainsi que M. Mauguin, prononcèrent, sur le corps du général, un éloge funèbre ; et, prenant la parole à son tour, M. de Lafayette invita la foule à se retirer paisiblement et à ne pas troubler, par des scènes de désordre, cette triste cérémonie ; mais, pour cette fois, le vieil ami du peuple ne fut point écouté, sa voix fut méconnue : * *Au Panthéon ! au Panthéon !* s'écria-t-on de toutes parts. C'était le signal convenu ; et d'autres voix répondirent par les cris de *vive la république !* De tous côtés, se firent entendre des cris de proscription et de mort. En un instant, l'exaspération fut au comble. Depuis le matin, prévenus du projet des factieux, cent chevaux et cent cinquante fantassins de la garde municipale

---

* Seulement, une troupe de jeunes gens, armés de pistolets, de sabres et de poignards, entourant la voiture de M. de Lafayette, l'escorta en triomphe jusqu'à sa demeure, insultant et provoquant sur son passage les divers postes qu'elle rencontrait.

occupaient les environs du Jardin des Plantes, et fermaient les issues qui conduisent au Panthéon. Plusieurs tentatives, successivement renouvelées pour forcer le passage, furent repoussées avec calme et fermeté. Irrités par les obstacles, les factieux, alors, devinrent furieux : ils s'élancent, de nouveau, sur la force armée, aux cris de *vive la république! mort aux tyrans!* Assaillis par une grêle de pierres, les gardes municipaux chargent à leur tour, et le corps du général devient un nouveau Patrocle, que deux partis armés se disputent avec acharnement; mais l'avantage enfin demeura aux gardes municipaux. Ils s'emparèrent du convoi, et l'escortant jusqu'au-delà de la barrière, ils assurèrent ainsi sa marche vers Bordeaux. Sans s'occuper cependant de conduire réellement au Panthéon le corps du général, les conjurés ne songeaient qu'à attaquer et à poursuivre, en tous lieux, les défenseurs de la royauté.

Un piquet de dragons posté à l'extrémité du boulevard, le sabre dans le fourreau, en signe de paix, fut le premier corps de troupes sur lequel s'exerça leur furie: une vingtaine de coups de fusil, et une nuée de pierres lancées contre le premier peloton, tuèrent plusieurs chevaux, et blessèrent quelques hommes. Au lieu de riposter, cependant, le chef d'escadron qui commandait s'avança seul au milieu des factieux, et, par sa fermeté, il parvint à les calmer. De son côté, apprenant dans quelle position difficile se trouvait placée la moitié de son régiment, le colonel arrivait, musique en tête, avec le reste de sa troupe, lorsqu'une centaine d'insurgés, pourvus d'armes de toute espèce, et protégés par une barricade, firent feu sur les dragons, presque à bout portant. Cette première décharge, ajustée de sang froid, atteignit bon nombre d'hommes. Le colonel, le lieutenant-colonel et plusieurs officiers furent blessés. Entraîné, par un cheval fougueux, au milieu des conjurés, le chef d'escadron Chollet fut arraché de cheval; on lui fit subir les plus indignes traitemens, et un ouvrier mit enfin un terme à ses douleurs, en lui tirant, à bout portant, un coup de pistolet dans la poitrine.

Au même instant, à l'autre extrémité du quai, un homme à cheval parcourait la place, en promenant dans la foule un drapeau rouge, surmonté du bonnet phrygien, avec cette inscription tracée en lettres noires : *Liberté ou la mort.* C'est alors seulement que, poussés à bout par tant de provocations, les dragons reçurent l'ordre de riposter. Une charge au trot dégagea l'esplanade, et la foule se dispersa.

Dès ce moment, l'on put s'en convaincre, ce n'était point une émeute semblable à celles que la garde nationale avait si souvent réprimées : comme au 29 juillet, c'était une révolution commencée, un combat à mort entre la république et la monarchie.

Les républicains, en effet, n'avaient pas concentré toutes leurs forces au pont d'Austerlitz. Là, seulement, se donnait le signal ; et, tandis que quelques centaines de conjurés escarmouchaient avec les dragons, d'autres bandes nombreuses se détachaient dans toutes les directions, afin d'enlever les postes isolés. Lorsque le convoi funèbre parvint à sa destination, les bataillons commandés pour la cérémonie durent croire leur service terminé. Ils se disposèrent donc à rentrer dans Paris; mais déjà les barricades s'élevaient sur les boulevards; et, de peur d'exciter une collision qu'elles avaient ordre d'éviter, les troupes se virent obligées de s'engager dans le faubourg, afin de regagner rapidement la place Vendôme, laissant quatre compagnies à la porte Saint-Denis, où déjà les insurgés engageaient le combat. Une vaste étendue de terrain se trouva ainsi sans défense, et les factieux s'y répandirent avec une effrayante rapidité.

S'élançant, par troupes, de l'esplanade d'Austerlitz, les insurgés envahirent tout le quartier adjacent. Le poste qu'occupait la garde nationale sur la place de la Bastille fut désarmé; de là, s'étendant sur les boulevards du Temple, précédés d'un bonnet rouge que l'un des conjurés portait au bout d'une perche, en guise d'enseigne, les insurgés envahirent le poste de la Galiotte aux cris de *vive la république*. Au même instant, les attaques se multipliaient sur les boulevards extérieurs et au centre de Paris. La poudrière des Deux-Moulins, ainsi que toutes les barrières, depuis Montmartre jusqu'à la barrière du Trône, tombèrent au pouvoir des insurgés. Les postes des théâtres, sur le boulevard, eurent le bonheur de se replier en combattant et de rentrer dans leurs casernes ; mais une multitude de postes isolés, surpris et désarmés, furent forcés de se rendre ; au Châtelet, au marché des Carmes, à la caserne Sully, rue Mauconseil, à la Lingerie, au pont de l'Archevêché et au carrefour Montreuil, à la halle au blé et à la porte Saint-Martin. La caserne des vétérans, vigoureusement attaquée, rue des Fossés Saint-Victor, fut sur le point de tomber au pouvoir des factieux ; ils forcèrent la petite poudrière, sur le boulevard de l'Hôpital, et y pillèrent quelques poudres. La mairie du 6ᵉ arrondissement fut envahie.

Sur la rive gauche de la Seine, dépassant le régiment de dragons qu'ils n'avaient pu chasser de la halle aux vins, les séditieux s'avancèrent jusqu'à la place Maubert, où le poste, occupé par la garde municipale, fut emporté. Au même instant divers groupes inquiétaient l'Odéon. Sur l'autre rive, la mairie du 3ᵉ arrondissement, où se trouvaient trois mille cartouches et cinquante fusils, fut vivement attaquée. Les insurgés occupaient tout le boulevard entre les portes Saint-Denis et Saint-Martin ; et, de là, pénétrant dans l'intérieur de Paris, ils s'avancèrent jusqu'à la place des Victoires, menaçant la caserne des Petits-Pères, l'hôtel des Postes, et la Banque dont le poste fut enlevé.

C'est ainsi que, profitant d'un premier moment de surprise, les séditieux poussèrent vivement leurs succès. A force d'audace, et malgré leur petit nombre, pendant une heure, ils tinrent en échec les trois quarts de Paris. Presque seul et sans complices, Mallet, aussi, fut sur le point de renverser Napoléon. Prévenu de leurs projets, sans connaître leurs forces, et calculant mal l'étendue du complot, le ministère ne se trouva point en mesure de résister aux factieux. L'on croyait n'avoir à réprimer qu'une de ces émeutes éphémères, si fréquentes depuis la révolution de juillet, et qui, sans but et sans unité, s'usaient, pour ainsi dire, d'elles-mêmes. Pris au dépourvu, le ministère s'aperçut enfin, mais un peu tard, qu'il s'agissait de combattre un vaste complot.

Les troupes de la garnison, renfermées dans leurs quartiers, se trouvaient loin du lieu du combat. La plupart des postes de la ligne, faibles et isolés, étaient déjà désarmés; ceux qui résistaient encore, assiégés dans leurs corps de garde, se tenaient sur la défensive. Les gardes nationaux, emprisonnés dans leurs demeures, ne savaient où se réunir; et si quelques-uns se hasardaient à sortir, ils étaient aussitôt assaillis et désarmés. Les tambours qui parcouraient les rues en battant le rappel, voyaient leurs caisses enfoncées et leurs armes brisées. Aux gardes nationaux, les républicains répétaient que la masse des ouvriers se prononçait pour eux; tandis qu'en s'adressant au peuple, et profitant habilement de la présence dans leurs rangs de quelques gardes nationaux en uniforme, ils annonçaient que la garde nationale tout entière protégeait leur entreprise. C'est ainsi qu'intimidant les uns, trompant les autres, les séditieux hâtèrent leurs rapides progrès; tandis qu'étonné, confondu, le peuple se demandait ce qu'il en fallait augurer, et s'il était vrai que les républicains pussent compter sur un appui qu'on ne leur avait pas supposé. Vers le soir, on brisa les réverbères; un magasin d'armurier, rue Saint-Honoré, fut forcé et pillé; tout semblait annoncer le retour des journées de juillet: et, pour le mieux persuader, les factieux ne manquèrent pas de renouveler ces fameuses barricades qui, depuis la révolution de 1830, semblaient aux Parisiens un rempart invincible. Des pavés amoncelés dans toutes les rues, des voitures de porteurs d'eau, des fiacres renversés, rendirent inutile le secours de la cavalerie. En un instant, les rues Montmartre, des Fossés-Montmartre et du Petit-Reposoir, les rues Galande et de la Montagne, les rues Saint-Victor, Mouffetard et du Jardin du Roi, furent coupées de barricades. On les vit s'élever sur la place Maubert, à la Bastille, et à l'angle des rues de la Verrerie et des Arcis. Elles embarrassaient, dans toute leur longueur, et le faubourg Saint-Antoine, et la rue Saint-Denis et la longue rue Saint-Martin.

Mais, si les succès des séditieux semblèrent rapides, ils ne furent pas, du moins, de longue durée.

Dans le premier instant, ils étonnèrent par leur audace; mais, à la réflexion, l'on remarqua leur petit nombre, et leur perte fut assurée. Parmi les habitans de Paris, ceux-là mêmes qui, peut-être, les favorisaient en secret, se hâtèrent d'abandonner une cause désespérée. Il ne resta guère, parmi les combattans, que des jeunes gens à tête ardente qui, excités par le fanatisme, regardaient comme un devoir de mourir pour la liberté.

Déjà enhardis par le succès, les factieux avaient osé attaquer Sainte-Pélagie et la préfecture de police; ils s'étaient vus repoussés. Dans le même temps, deux escadrons de carabiniers refoulaient au-delà du Panthéon une masse d'insurgés.

Pendant ce temps, la garnison se concentrait aux environs des Tuileries. La résistance s'organisait sur tous les points, et le tambour rappelant de tous les côtés les gardes nationaux des quartiers demeurés libres, ils accouraient, en grand nombre, se réunir à la troupe de ligne.

Enfin, vers les six heures du soir, le gouvernement reprit l'offensive. Un bataillon du 3e léger reçut l'ordre de balayer le boulevard, et, en moins de deux heures, il remplit sa mission. Des barricades nombreuses qu'il fallut emporter à la baïonnette, une vive résistance à la porte Saint-Denis et à la porte Saint-Martin, ralentirent un instant la marche des troupes; cependant elles surmontèrent tous les obstacles.

Au même instant, un escadron du 2e régiment

de dragons nétoyait la place des Victoires, refoulant les séditieux dans les rues du Mail et du Petit-Reposoir. Chargé de l'appuyer, le général Delessert s'établit sur la place, et, après un feu très vif, toutes les barricades environnantes tombèrent devant lui. L'hôtel des Postes, fortement menacé, fut dégagé. Le poste de la Banque reçut des armes; et des tambours escortés, battant le rappel dans toutes les rues, réunirent des pelotons nombreux de gardes nationaux.

Le bruit, d'ailleurs, se répandit, dans les rangs, que le roi était aux Tuileries, et cette nouvelle inspira à ses défenseurs une nouvelle énergie. Pendant que l'on vidait sa querelle à Paris, Charles X se tint constamment à Saint-Cloud : à la première nouvelle des troubles, Louis-Philippe accourut au sein de la capitale. La troupe de ligne, la garde nationale, stationnées dans les Champs-Élysées et sur la place Louis XV, le saluèrent à son passage, par de vives acclamations, par des protestations de fidélité et de dévouement. Il faut en finir, criait-on de toutes parts, et, nous le jurons à votre majesté, demain les factieux seront anéantis !

De sages dispositions secondèrent cet élan. De toutes parts arrivaient de nouveaux régimens, et, dans la soirée, l'ordre fut expédié aux gardes nationales de la banlieue de diriger sur Paris tous les hommes disponibles; ils accoururent en grand nombre, et, avant même de pénétrer dans Paris, ils engagèrent le combat, en reprenant les barrières dont les factieux s'étaient emparés.

Sur la place des Victoires, les avant-postes du général Delessert se trouvaient à portée de pistolet de l'ennemi, et les gardes nationaux, pleins d'ardeur, proposaient d'enlever les barricades à l'instant même. Mais les réverbères étaient brisés, une profonde obscurité régnait dans tout le quartier; l'on craignait d'engager, au milieu d'épaisses ténèbres, des colonnes qui, connaissant mal les localités, pouvaient tomber dans quelque embuscade, ou se fusiller entre elles. Les insurgés, d'ailleurs, avaient eu le loisir de fortifier les barricades, et l'on devait présumer, par le mouvement qui se faisait entendre de leur côté, qu'elles seraient vivement défendues. L'on se décida donc à attendre le jour.

Cette résolution amena une suspension d'armes générale, dont le maréchal de Lobau profita pour mûrir son plan d'attaque et le soumettre à l'approbation du roi. Fort de son agrément, il commença l'attaque au point du jour. Une première colonne, dirigée par le général Delessert et par le colonel Feisthamel, fit tomber les barricades qui obstruaient les rues du Mail et du Petit-Reposoir, tandis que de nombreuses patrouilles, parcourant les rues adjacentes et les maisons voisines, ramassèrent plus de deux cent-cinquante prisonniers.

Mais le but principal était d'enlever et de détruire les barricades élevées en travers dans la rue du Temple, dans les rues Saint-Martin et Saint-Denis : ainsi donc, tandis qu'une colonne, forte de trois cents hommes de ligne et de quatre cents gardes nationaux, se portait sur les boulevards, afin de couper la retraite aux insurgés, trois autres colonnes, pénétrant au pas de charge dans les rues désignées, enlevaient à la baïonnette toutes les barricades. La résistance fut opiniâtre; cependant, partout enfoncés, les séditieux furent forcés de céder, mais l'on ne prit pas le temps de fouiller les maisons qui bordaient la rue, et la colonne d'attaque en était à peine sortie, que, déjà, revenant à la charge, les séditieux relevaient les barricades dans la rue Saint-Martin.

Commandé à trois heures du matin, à cinq heures le mouvement était terminé. Les insurgés se trouvaient refoulés, d'un côté à la Bastille et dans le faubourg Saint-Antoine, et, de l'autre, dans les rues Aubry-le-Boucher, Saint-Méry, Saint-Martin et Planche-Mibraye; ils occupaient également quelques maisons donnant sur le quai, depuis le Châtelet jusqu'à la place de Grève.

L'attaque avançait ainsi, pas à pas, et l'on voit qu'après plusieurs heures de combat, les séditieux défendaient encore une vaste étendue de terrain. Le quartier de Paris où ils s'étaient retranchés présente, en effet, un accès difficile; et ce n'est pas sans motifs que les séditieux l'avaient choisi, de préférence, pour en faire le théâtre de leurs opérations. Ils espéraient, d'ailleurs, éveiller plus de sympathies, dans ce quartier populeux, et trouver, parmi la multitude d'ouvriers misérables qui l'habitent, bon nombre de ces hommes qui, n'ayant rien à perdre, se prêtent volontiers à tous les bouleversemens, à toutes les révolutions.

Dans la position qu'occupaient alors les conjurés, le point le plus accessible semblait être le faubourg Saint-Antoine; c'est de ce côté que l'on résolut de diriger l'attaque. Dès le matin, quelques troupes d'élite, lancées de la Bastille et du faubourg Saint-Antoine, avaient pénétré jusqu'à la rue aux Ours et de là à la place de Grève; mais il s'en fallait beaucoup que les communications fussent libres; on voulut les assurer. A six heures du matin le général Schramm, chargé de cette expédition, partit de la place du Carrousel à la tête d'une colonne composée de troupes de ligne et de gardes nationaux de la banlieue, arrivés pendant la nuit. Partis précipitamment de leurs communes, ces braves ne s'étaient point pourvus de cartouches; ils en réclamaient à grands cris. De son côté le général Schramm en sollicitait vivement à l'état-major de la place, mais sans pouvoir en obtenir. Enfin, à la place de Grève, les gardes nationaux refusèrent d'aller plus avant. Des murmures même éclatèrent dans les rangs; ils s'écriaient qu'ils étaient trahis, que l'on voulait les livrer, sans défense, aux séditieux; qu'il était infâme d'exposer de braves gens au feu de l'ennemi, sans leur donner le moyen de riposter. Le général Schramm se trouvait ainsi dans un pénible embarras. Pendant une heure, il se vit arrêté sur la place de Grève, tandis que l'on cherchait en vain à se procurer des munitions. Enfin, la ligne et les dragons, persuadés, disaient-ils, que la garde nationale en ferait bon usage, consentirent à céder quelques cartouches, et la colonne continua sa marche.

Le faubourg Saint-Antoine était défendu par une chaîne de barricades qui, commençant à la rue de la Roquette, se liaient à d'autres ouvrages élevés sur le boulevard Bourdon. La fontaine de l'Eléphant, entourée de barricades et transformée en place d'armes, défendait l'entrée de cette espèce de redoute. Dans l'intérieur, le faubourg Saint-Antoine était coupé, dans toute sa longueur, par de nouveaux remparts, et d'épaisses barricades fermaient l'entrée des rues transversales qui viennent y aboutir. Telle était la position formidable dont l'attaque fut confiée au général Schramm.

Divisant sa troupe en trois colonnes, le général résolut d'attaquer, à la fois, par la rue Saint-Antoine, la Vieille rue du Temple et le boulevard Bourdon. A l'entrée du faubourg, une vaste maison servait de retraite aux séditieux qui, à l'abri derrière ce rempart, dirigeaient sur les assaillans un feu meurtrier. Quelques coups de canon l'ouvrirent, et la troupe, s'y précipitant au pas de charge, s'empara des révoltés. Au même instant, la troupe de ligne et la garde nationale pénétraient, de tous côtés, dans le faubourg. En quelques minutes, toutes les positions furent emportées; rien ne put résister à la vigueur de cet assaut, habilement dirigé par le général Schramm. Les gardes nationaux de la banlieue y figuraient en première ligne, et ces soldats paysans, qui naguères refusaient de marcher au feu sans cartouches, enlevèrent les barricades à la baïonnette avec une intrépidité et un sang froid qui excita l'admiration des plus vieux *troupiers*.

Cependant, malgré la rapidité de l'attaque et l'activité des assaillans, la plupart des séditieux échappèrent à leur poursuite. L'on fit peu de prisonniers. Les barricades, quoique détruites, arrêtaient encore la cavalerie. La disposition des lieux favorisait, d'ailleurs, la fuite des insurgés qui, s'échappant à travers les cours, par dessus les toits peu élevés, les murailles et les appentis qui composent cette partie du faubourg, parvinrent à rejoindre leurs camarades, et à grossir les rangs des combattans, dont le courage défendait encore avec opiniâtreté le Cloître Saint-Méry.

Ainsi d'heure en heure, à chaque attaque nouvelle, les troupes royales gagnaient du terrein. Les pelotons avançaient toujours, chassant devant eux les séditieux qu'ils obligeaient à se concentrer. Déjà, à neuf heures du matin, la tranquillité était rétablie dans divers quartiers : sur la rive gauche de la Seine l'on échangeait encore quelques coups de fusil, mais nulle part il n'existait de résistance sérieuse ; tous les points principaux étaient purgés de rebelles.

Sur la rive droite, la garde nationale et la troupe de ligne occupaient les ponts et les quais, depuis le Louvre jusqu'à l'Arsenal. Chassés des diverses positions dont ils s'étaient emparés la veille, et rejetés dans l'intérieur de Paris, les insurgés concentraient leur défense dans les rues Saint-Méry, Aubry-le-Boucher, des Arcis et Planche-Mibraye. C'est là qu'à l'avance ils avaient formé un vaste dépôt d'armes, de munitions et de projectiles de toute espèce ; l'on y trouva même des bombes et des boulets. Ce quartier, d'ailleurs, coupé de rues étroites et tortueuses, composé de maisons obscures et élevées, offrait une position facile à défendre, et les insurgés, depuis vingt-quatre heures, s'occupaient sans relâche à la fortifier encore par de nombreux travaux.

Dans la matinée, plusieurs attaques, dirigées sur ce point, n'amenèrent aucun résultat. Une première colonne, engagée dans la rue Planche-Mibraye, avait enlevé trois barricades vigoureusement défendues ; mais, arrêtés à la hauteur de la rue Aubry-le-Boucher par une quatrième barricade, plus forte que les premières, les assaillans se virent obligés de battre en retraite, faute de cartouches. Leurs efforts sur d'autres points furent également infuctueux ; partout dans ce quartier les troupes furent repoussées.

Étonné d'une résistance aussi opiniâtre, le général Tiburce Sébastiani, à qui était spécialement confié le soin de diriger l'attaque du Cloître Saint-Méry, voulut enfin reconnaître par lui-même l'état des lieux. Un coup d'œil rapide suffit pour le convaincre combien la position était formidable. La rue Saint-Martin, aussi loin que la vue pouvait s'étendre, semblait hérissée de barricades. Des pavés amoncelés fermaient l'issue des rues Saint-Méry, Aubry-le-Boucher, Saint-Méderic et des Arcis. L'entrée des quatre maisons qui forment le carrefour était barricadée, et, de toutes les fenêtres, partait une vive fusillade, tandis qu'une grêle de pavés, de tuiles, de pièces de bois et de meubles brisés accablait les assaillans.

Le général Sébastiani sentit aisément combien il importait d'enlever cette position avant la nuit, afin de débarrasser l'Hôtel-de-Ville d'un dangereux voisinage.

A deux heures de l'après-midi, le roi venait de passer sur le quai de la Grève, où l'on se battait encore. Mille bruits divers avaient circulé dans le public; les uns le disaient mort, d'autres blessé : Louis-Philippe voulut rassurer ses défenseurs, et prouver à la fois que lui aussi savait affronter le danger. Comme on s'efforçait de le détourner de son projet, en lui représentant à quels périls il allait s'exposer : Mes cinq enfans, répondit-il, sont une excellente cuirasse, qui me permet de braver, sans danger pour l'État, les balles des factieux.

Le roi monta donc à cheval, accompagné du duc de Nemours et du ministre de la guerre, escorté par divers détachemens de cavalerie, et partout sur son passage, depuis la place du Carrousel jusqu'à la barrière Saint-Antoine, et depuis le boulevard Bourdon jusqu'aux Tuileries, il fut accueilli par des acclamations unanimes. La crise était passée. Le succès d'ailleurs a quelque chose d'enivrant. Semblable à l'étincelle électrique, l'enthousiasme se propage avec une merveilleuse facilité.

Le général Sébastiani résolut de profiter de ce moment d'ivresse pour enlever aux insurgés leur dernier rempart. Sa troupe se divisa en deux colonnes : la première, sous les ordres du général Leydet, devait balayer la rue des Arcis jusqu'à l'église Saint-Méry ; la seconde, que le général Sébastiani commandait en personne, tournant l'église par la rue Brise-Miche, pénétra dans la rue Saint-Méry. Une pièce d'artillerie servit à démolir les barricades.

Les pelotons entremêlés de la garde nationale et de la ligne rivalisèrent d'ardeur dans cette brillante expédition. Tous se précipitaient dans les rues, sous le feu de l'ennemi, avec une égale intrépidité. C'est en vain que les révoltés se défendirent pied à pied avec le courage du désespoir, rien ne put résister à la vivacité des assaillans ; en un clin d'œil toutes les barricades furent emportées. Les insurgés cependant continuaient à combattre vaillamment. Il fallut fouiller les unes après les autres toutes les maisons qui bordent la rue des Arcis. L'on combattait dans les escaliers, dans les appartemens; enfin, après un combat opiniâtre, les assaillans restèrent maîtres du terrain. Quelques séditieux déposèrent leurs armes et se rendirent prisonniers; tout ce qui résista fut passé au fil de l'épée. Ce quartier était le centre des opérations des insurgés; aussi dans toutes les maisons l'on trouva en grande quantité des armes de toute espèce, des fusils, des sabres, des caisses de pistolets, de la poudre et jusqu'à des boulets.

Ce premier point emporté, les deux colonnes se réunirent au carrefour, et tandis qu'un régiment demeurait à la garde des maisons que l'on venait d'occuper après un si long combat, le reste de la troupe attaquait la rue Saint-Martin. Les nombreuses barricades dont elle était coupée opposèrent encore une vigoureuse défense; la mousqueterie des fenêtres secondait merveilleusement le feu des révoltés qui garnissaient la rue et les retranchemens. Des pavés, des morceaux de tuiles, accablaient les soldats; l'on ne pouvait s'empêcher de plaindre et d'admirer le courage opiniâtre de ces hommes qui, sans espoir de succès, s'obstinaient à lutter contre des forces supérieures. Leur vive fusillade n'arrêta point cependant l'ardeur des assaillans: les portes des maisons furent enfoncées et l'on en délogea les rebelles. Les barricades renversées et détruites ouvrirent un libre passage; enfin à cinq heures du soir, la colonne arriva à la hauteur de l'église Saint-Nicolas et le feu cessa dans toute la rue *.

Depuis ce moment tout rentra dans l'ordre: la secousse avait été violente, mais passagère, et les traces du combat furent promptement effacées. De nombreuses patrouilles parcourant les rues, plusieurs bataillons stationnés dans divers quartiers, restèrent encore sur pied pendant quelques heures, afin d'imposer aux factieux et de rassurer les bons citoyens; mais à l'entrée de la nuit, les troupes rentrèrent dans leurs casernes, les gardes nationaux regagnèrent leur domicile, et même dans le quartier Saint-Méry, théâtre, quelques heures auparavant, d'un combat acharné, l'on vit régner le calme et le silence.

Au moment où les derniers coups de feu retentissaient dans la rue Saint-Denis, le roi rentrait aux Tuileries, aux acclamations de tout un peuple. Sa cause triomphait, et le succès ranimait en sa faveur l'enthousiasme populaire. Tel qui la veille favorisait de ses vœux et peut-être de ses efforts les complots de ses ennemis, s'empressait alors de lui offrir à son passage des protestations de dévouement et d'amour.

---

* Les journées des 5 et 6 juin coûtèrent à la garde nationale 18 morts et 104 blessés. Si l'on en croit les rapports officiels publiés à ce sujet, le nombre total des morts s'éleva à 221.

Dans l'intérieur du château le même con-
traste se fit remarquer. Le 5 juin au soir les sa-
lons étaient déserts, et soit que l'on ignorât à Paris
le retour de Louis-Philippe, soit que, dans l'état
d'incertitude où l'attentat des républicains avait
plongé les esprits, la crainte et l'inquiétude eussent glacé le zèle de ses défenseurs, toujours est-
il que, parmi les serviteurs affidés qui d'ordinaire
entouraient le roi, un bien petit nombre vint lui
offrir son bras ou ses conseils.

Le lendemain, au contraire, l'affluence était
grande aux Tuileries. Jamais la foule des courti-
sans ne fut plus brillante et plus pressée. Les
grands personnages, les hauts fonctionnaires, qui
la veille avaient jugé prudent de s'éloigner de la
personne du roi, s'empressèrent alors de paraître
devant lui, afin de renouveler en sa présence leurs
protestations de zèle et de dévouement. C'est alors
aussi que l'on commença à parler de mesures de
rigueur. Afin de sévir avec énergie contre les républicains vaincus, l'on proposa d'appliquer à Paris
la mise en état de siége que le ministère venait
de prononcer contre la Vendée.

Discutée en conseil privé, cette mesure, dont les
ministres eux-mêmes calculaient mal les conséquences, éprouva d'abord quelqu'opposition.
Mais enfin le parti de l'illégalité l'emporta. Le projet d'ordonnance, arrêté le soir même, parut le lendemain dans le *Moniteur*. Cette ordonnance, rendue sur le rapport de M. de Montalivet, ministre

de l'intérieur, se bornait à proclamer l'état de siége ; le ministre de la guerre prit sur lui d'en développer les conséquences. Au mépris du texte de la Charte, qui défend d'enlever les citoyens à leurs juges naturels, le maréchal Soult ordonna par une simple circulaire de traduire tous les accusés de faits politiques devant les conseils de guerre permanens à Paris, et dans la Vendée, devant une commission militaire. C'est ainsi que les anciens collègues de M. Perrier prétendaient continuer son système. Ils oubliaient que si, trompé par les rapports mensongers de quelques agens subalternes, M. Perrier laissa commettre, en son nom, certains actes arbitraires, il demeura pur cependant des lois d'exception. Il repoussait à la tribune, de toutes les forces de son éloquence, les pouvoirs extraordinaires que certains députés s'obstinaient à lui offrir. Ce pouvoir, qu'il ne voulut pas recevoir d'une loi, ses successeurs n'hésitèrent point à se l'attribuer en vertu d'une simple ordonnance. L'illégalité était flagrante, et pourtant elle trouva des approbateurs. L'on vanta l'énergie de M. de Montalivet, et la vanité du jeune ministre, stimulée par l'encens de la flatterie, s'en laissa un moment enivrer : mais l'histoire est là pour juger à son tour, et son devoir est de flétrir et l'illégalité triomphante et le ministre prévaricateur. Au surplus, depuis longtemps Machiavel en a fait la remarque, les complots réussissent rarement, et presque toujours leur effet immédiat est de consolider le pouvoir du prince contre lequel ils sont dirigés. En 1832, la justesse de cette observation frappa tous les esprits. Jusqu'à ce moment le pouvoir de Louis-Philippe paraissait incertain ; contestée et méconnue par deux partis nombreux, son autorité précaire, son trône chancelant, mal affermi, semblaient devoir crouler au moindre choc. Mais lorsque dans trois jours on le vit triompher à la fois et des carlistes animés dans la Vendée par la présence [d'une princesse chérie, et des républicains déployant dans Paris toutes les forces et l'enthousiasme du parti, toute incertitude cessa, les indécis se prononcèrent ; les plus incrédules commencèrent à ajouter foi à la stabilité du pouvoir.

Convaincu lui-même de sa force, le gouvernement ne s'en servit que pour en abuser. Diverses ordonnances sévères accompagnèrent ou suivirent cette première mesure de rigueur qui, déclarant l'état de siége, mettait Paris en interdit. Plusieurs artilleurs de la garde nationale avaient paru en uniforme à la tête des révoltés, le corps entier fut dissous. L'école vétérinaire d'Alfort, l'école polytechnique, ou du moins quelques élèves, avaient pris une part active aux attentats des républicains, diverses ordonnances en prononcèrent le licenciement.

L'on put se convaincre alors par un nouvel exemple combien est mobile et changeante la faveur populaire. Au mois de juillet 1830 l'on portait en triomphe dans les rues de Paris les élèves de l'école polytechnique. Le peuple les révérait comme des dieux. Au mois de juin 1832 les mêmes élèves se virent réduits pendant quinze jours à sortir sans uniforme, pour se soustraire aux outrages de la populace.

Répandue dans Paris, la nouvelle de cette mesure illégale et sévère qui déclarait la ville en état de siège y causa moins de sensation cependant que l'on ne devait s'y attendre.

A Paris, comme dans toute la France, il existait alors une classe nombreuse de ces hommes paisibles qui, pour unique bienfait, ne demandent au gouvernement que l'ordre et le repos. La paix intérieure, la sécurité, leur semble avec raison le premier besoin de l'homme en société, et pourvu que le gouvernement leur assure ce bien précieux, peu leur importe par quels moyens il s'efforce d'y parvenir. Fatigués de désordres, d'émeutes et de révolutions, harcelés sans cesse par d'odieux perturbateurs, les bourgeois de Paris apprirent avec plaisir que le gouvernement se disposait enfin à sévir avec vigueur.

Dans tous les temps d'ailleurs les hommes sincèrement dévoués à la Charte et à la liberté seront en petit nombre. Pour s'attacher de préférence à telle ou telle forme de gouvernement, la masse du peuple ne consulte d'ordinaire que la règle de ses intérêts. De là vient qu'après la révolution de 1830 l'on remarqua dans la société une apathie générale, une indifférence marquée pour les discussions politiques. Le changement de dynastie semblait assurer la prospérité des intérêts matériels, et tranquilles sur ce point, ne redoutant guère pour leur propre compte les décisions de la justice militaire, les bourgeois de Paris s'inquiétaient peu de savoir si, pour les débarrasser des républicains, éternels ennemis du repos public et de la félicité commerciale, le gouvernement suivait une marche irrégulière ou légale. Il faut en finir, tel était le cri général. Le peuple d'Athènes, sur la foi d'Aristide, rejeta, sans vouloir le connaître, un projet éminemment utile, mais injuste; le peuple de Paris, au contraire, applaudit à la création des conseils de guerre, en disant que, si la mesure était illégale, elle était au moins fort utile.

La magistrature elle-même se laissa aller à ce premier mouvement d'entraînement. Appelée dès le 7 juin à apprécier les effets de l'ordonnance qui la nuit précédente avait déclaré Paris en état de siège, la cour royale n'hésita point à renvoyer devant les conseils de guerre tous les accusés de délits politiques. Dans le Maine, dans le Poitou, d'autres juridictions suivirent son exemple; car c'est une remarque qui s'applique en général à tous les tribunaux, tandis qu'avant la révolution de 1830 les magistrats se montrèrent franchement constitutionnels et zélés défenseurs de la liberté, on les vit souvent depuis cette époque, se dépouillant au profit d'un préfet de leurs plus belles attributions , aller au devant des mesures d'exception et solliciter l'arbitraire.

Sans perdre de temps , le ministère s'empressa de mettre à profit les pouvoirs extraordinaires que lui-même s'était donnés, et, toujours fidèle à son système, il punit encore les carlistes d'excès auxquels ils n'avaient point pris part. Tous les journaux, organes de leurs opinions , cessèrent de paraître. Pendant quinze jours le ministère tint les presses sous le scellé. Parmi les feuilles républicaines plusieurs subirent le même sort. D'un autre côté, des procédures instruites à la hâte firent comparaître devant' les conseils de guerre les nombreux accusés saisis dans les journées des 5 et 6 juin. En 1832 , deux ans après la révolution de juillet, au sein de la capitale , l'on eut ainsi le spectacle de simples citoyens jugés par des cours martiales. Dès les premiers jours diverses condamnations à mort furent prononcées.

Le ministère cependant n'osa passer outre et les faire exécuter. Déjà de toutes parts s'élevaient de vives reclamations contre la compétence des conseils de guerre. Reconnaissant enfin à quel point ils s'étaient compromis en applaudissant aux commissions militaires créées dans la Vendée , les journaux libéraux firent entendre de vigoureuses remontrances. Enfin le pourvoi d'un condamné saisit la cour de cassation de cette grave question. L'on se demandait avec anxiété quelle serait la décision ; elle ne se fit pas attendre. La cour se prononça contre la compétence des conseils de guerre, et tout en reconnaissant que la législation existante autorisait encore la mise en état de siége, comme mesure de police, elle décida cependant par son arrêt en date du 29 juin, que jamais, en présence du texte précis de la charte, un simple citoyen ne pouvait être condamné légalement par des juges militaires.

Le ministère ne se sentait point assez fort pour lutter contre la cour suprême ; sa résolution d'ailleurs, prise avec précipitation, n'avait point été mûrie suffisamment. Condamné par un arrêt solennel, il n'osa soutenir ses premières instructions, et, se hâtant de déférer à la décision des premiers magistrats du royaume, il laissa renvoyer devant la juridiction ordinaire des cours d'assises les révoltés arrêtés par centaines. La plupart furent condamnés, quelques-uns même encoururent la peine capitale ; mais devançant les lois, les mœurs proscrivaient déjà la peine de mort en matière politique. Le roi, usant en leur faveur du droit de faire grace, accorda à tous une commutation de peine ; aucun ne fut exécuté.

A vrai dire, la mise en état de siége, à Paris, ne fut qu'une menace. Il en fut tout autrement au sein de la Bretagne et de la Vendée. Dans les campagnes ainsi que dans les villes de province, des relations fréquentes, des amours-propres rivaux, rendent plus violentes les haines de parti : le moindre incident suffit pour mettre en présence des inimitiés mal éteintes et de vieux ressentimens.

L'on aime à se persuader généralement que, la civilisation adoucissant les mœurs, les révolutions aujourd'hui pourraient s'effectuer en France sans effusion de sang. L'on répète que du moins l'on ne verra point se renouveler parmi nous les horreurs de 93, et l'on cite pour exemple la révolution de 1830 si généreusement accomplie. Mais à cette époque l'on ne vit point de lutte prolongée entre les Français ; le temps ne laissa point éclater entre des concitoyens, entre des frères, ces haines de parti que rien, selon Tacite, ne saurait apaiser.

En 1832, la guerre de la Vendée ne dura que trois jours, et dans ce court espace de temps combien d'excès odieux et de crimes commis ! La cruauté, dans tous les temps, semble inséparable d'une guerre civile.

Le premier jour où l'on connut à Nantes l'insurrection de la Vendée, un malheureux domestique, en habit de paysan, et escorté par un garde national, traversait la ville à cheval pour se rendre chez le général Solignac qui désirait obtenir de lui quelques renseignemens. On le prit pour un chouan et aussitôt une balle partie d'un bataillon de la garde nationale l'étendit raide mort. Le crime était patent et pourtant il demeura impuni. Personne n'osa en signaler l'auteur. Quelque temps auparavant, dans le Morbihan, poursuivi par les clameurs d'un parti pour avoir voulu sévir en pareille occasion, un procureur du roi, homme consciencieux, s'était vu destituer.

Le même jour où se passait à Nantes le fait que l'on vient de rapporter, M. Bascher, saisi par le maire de sa commune, dans sa demeure et sans armes, était placé sous la sauve-garde d'un détachement de troupes de ligne chargé de le conduire à Nantes. A quatre pas de là on le fit fusiller et le lendemain ses assassins dansaient sur sa tombe.

Enfin lorsqu'on apprit que, traduit devant une commission militaire et condamné à une détention perpétuelle, M. de Kersabiec cependant évitait la peine de mort, une espèce d'insurrection éclata à Nantes. Les juges militaires insultés, menacés, se virent poursuivis dans les rues, tandis que quelques centaines d'ouvriers soudoyés ou des jeunes gens imberbes se portaient aux prisons en poussant des cris de rage

Toutes les fois que les prisonniers saisis dans la Vendée arrivaient à Nantes, une multitude irritée se portait sur leur passage afin de les accabler d'outrages et d'invectives. Afin de les soustraire à la fureur populaire, il eût mieux valu les faire passer pour voleurs ou forçats. Dans maintes circonstances, la contenance ferme de la garde nationale et ses efforts généreux parvinrent à peine à contenir la populace et à préserver de toute atteinte la vie des prisonniers. Les gens de bien en général gémissaient de tels excès, et pourtant il se trouva des hommes assez aveugles pour oser y applaudir. A cette époque, où le patriotisme n'existait plus en France, ils se félicitaient de pouvoir y substituer l'esprit de parti. L'on oubliait que l'esprit de parti engendre tous les vices. Et pourtant comment s'en étonner lorsque l'on songe que d'une part il enflamme les passions les plus viles, et que de l'autre il tend à étouffer les plus puissans mobiles de la vertu, la honte et l'honneur. Les hommes politiques s'aperçoivent aisément que nulle iniquité ne peut leur enlever les suffrages de leur parti, tandis que la vertu la plus pure ne saurait les préserver des calomnies les plus odieuses de la part de leurs ennemis.

Ainsi donc, si les troubles de la Vendée s'étaient long-temps prolongés, l'on pouvait craindre le retour de ces terribles excès que la discorde civile traîne toujours à sa suite. La guerre heureusement fut promptement terminée. Livré le 6 juin, presque sous les yeux de la duchesse de Berry, le combat du Chêne dut la convaincre qu'il était impossible de tenir plus long-temps la campagne. Elle se décida donc dès le lendemain à se rendre à Nantes afin d'y chercher un asile.

Ce projet semblait téméraire : il était difficile en effet de pénétrer dans une ville de guerre lorsque la surveillance la plus sévère s'observait aux barrières. Mais une femme douée d'une imagination vive, et qui dans l'avenir aperçoit devant elle une brillante carrière de gloire, sait braver les dangers et les obstacles. Vêtue en paysanne, portant aux pieds de gros souliers et au bras un panier de fruits, elle se présenta hardiment aux avant-postes, le 7 juin accompagnée d'une jeune dame vendéenne travestie comme elle. Un gendarme l'arrête, on l'interroge, l'on visite son panier, et sans hésiter elle répond en employant le patois des Vendéens, dont elle était parvenue en peu de jours à imiter l'accent et le langage: A quelques pas de là, fatiguée d'une longue course à pied, elle s'assit sur le parapet d'un pont afin de se reposer un moment. Une paysanne s'y trouvait également et près d'elle un lourd panier rempli de légumes; la bonne fermière implora le secours de la duchesse de Berry pour replacer son fardeau sur sa tête, et la princesse en souriant s'empressa de lui prêter assistance. Enfin, après avoir parcouru dans toute sa longueur un immense faubourg, après avoir traversé le quartier de la ville le plus populeux, et s'être arrêtée à la porte du château à deux pas d'une sentinelle pour lire l'ordonnance qui déclarait le département en état de siége, la duchesse de Berry arriva sans accident dans la demeure de mesdemoiselles Duguiny où, déjà, pour la recevoir, une retraite était préparée.

Pendant ce temps, les chefs vendéens ne songeaient plus qu'à pourvoir à leur propre sûreté. Contraints de fuir dans les lieux les plus déserts, passant la nuit dans les bois, et n'osant paraître au grand jour, réduits souvent à manquer de pain et d'asile, la plupart, pendant plusieurs mois, traînèrent une pénible existence, et pourtant nul d'entre eux ne conçut le projet de tenter une nouvelle insurrection. Dans les départemens de la Loire-Inférieure et de la Vendée la guerre éclata le 4 juin et le 7 elle était terminée.

Un semblable résultat ne pouvait manquer d'étonner et de confondre les hommes qui, étrangers à la Vendée, et toujours remplis d'anciens souvenirs, comparaient encore la grande armée d'outre Loire et les petites bandes insurgées de 1832. Les temps avaient changé. En 1832, il est vrai, les deux partis exagéraient de concert et les forces et les projets des Vendéens. Les carlistes, par présomption et par jactance, affectaient de grossir leur nombre, tandis qu'afin de justifier les lois d'exceptions qu'ils réclamaient à grands cris, les libéraux de leur côté décuplaient à plaisir les bandes insurgées. Ainsi, par des motifs contraires, tous tendaient vers le même but, l'exagération.

Dans l'histoire politique de la Vendée il faut en effet distinguer trois époques différentes. En 1793, la première insurrection fut toute religieuse: entraînés par un mouvement d'enthousiasme, et se soulevant en masse comme un seul homme, les paysans vendéens forcèrent leurs anciens seigneurs de se mettre à leur tête, afin de protéger et de défendre leurs croix et leurs clochers. En 1815, les rôles avaient changé. Devenus grands propriétaires, les acquéreurs de biens nationaux balançaient l'influence des gentilshommes. Il s'agissait d'ailleurs d'une guerre d'ambition; il fallut que les nobles forçassent les paysans à marcher. C'est en menaçant le malheureux Vendéen de lui enlever ses bœufs et sa charrue que l'on parvint souvent à former un simulacre d'armée, vain rassemblement d'hommes qui, réunis par la contrainte, se dispersaient au premier choc. Les souvenirs de la grande armée agissaient encore cependant sur quelques vieux Vendéens; mais en 1832 le prestige était détruit aux yeux des paysans; la guerre était toute politique. La présence même de la duchesse de Berry ne put ranimer leur enthousiasme. A peine si quelques centaines d'hommes abusés parurent en campagne, sans armes, sans munitions; ils ne pouvaient d'ailleurs marcher au combat avec cette confiance et cet élan qui donnent la victoire. Leur tentative malheureuse ne servit qu'à mettre en lumière de nobles dévouemens et un ferme courage. L'on ne put s'empêcher d'admirer le généreux désintéressement de ces braves qui, par principes de devoir et d'honneur, n'hésitèrent point à se sacrifier pour une entreprise qu'ils réprouvaient.

Aux yeux de tout homme sensé, il était évident que désormais dans la Vendée la guerre civile était impossible. M. Perrier l'avait senti, et constamment il défendit les Vendéens contre les lois d'exception. Il semble qu'en prouvant leur faiblesse les derniers événemens devaient encore mieux les en garantir: les ministres d'alors en jugèrent autrement. Certes si une nouvelle insurrection n'éclata point dans la Vendée, l'on ne saurait l'imputer au ministère; il employa les mesures les plus convenables pour la pousser à bout. Après l'arrêt de la Cour de cassation, qui réprouvait la création des tribunaux extraordinaires, il fallut renoncer aux commissions militaires ; mais du reste l'état de siége maintenu, sans motif plausible, pendant toute une année, servit à voiler l'arbitraire. A travers le masque de liberté dont se couvrait le ministère, perçait toujours le despotisme impérial. Il est curieux pour l'instruction de la France et de la postérité de savoir comment, en 1832, l'on comprenait dans la Vendée les conséquences d'une révolution faite au nom de la légalité. Et qu'on ne dise pas qu'en racontant des faits récens, je fais un appel aux passions ; c'est précisément parce que nous en sommes témoins qu'il convient de les signaler à l'animadversion publique, afin d'en prévenir le retour. Qu'importe que la postérité connaisse les persécutions exercées dans la Vendée ; nous savons, par expérience , que les peuples profitent rarement des leçons de l'histoire.

L'on a souvent raconté avec complaisance les crimes odieux commis dans la Vendée par quelques bandes qui, parcourant les campagnes au nom d'Henri V, se livrèrent à d'horribles brigandages. Dans ce malheureux pays, il est vrai, comme il arrive toujours au sein d'une contrée déchirée par la discorde, il se trouva bon nombre de misérables, écume de la société, rebut de tous les partis qui, ne voyant dans une guerre civile qu'une occasion de meurtre et de pillage, s'abandonnèrent à d'affreux excès. Des vols, des assassinats accompagnés de circonstances atroces excitèrent l'indignation, et certes approuver de tels forfaits, ce serait, en quelque sorte, s'en rendre complice. Heureusement le nombre en fut moins grand que l'on ne se le persuade généralement. Souvent, d'ailleurs, la cupidité seule en fut le mobile et non les opinions politiques. Enfin pour rendre complet le tableau de la Vendée en 1832, il faudrait aussi rappeler les vexations odieuses ou ridicules auxquelles on se livra envers ses habitans. Des troupes de ligne dispersées en cantonnement, occupaient toutes les fermes, tous les villages; et sous prétexte que l'état de siége conférait à l'autorité militaire un pouvoir absolu, les officiers souvent traitèrent la Vendée en pays conquis. Plus d'un réfractaire vivement poursuivi et prêt à se rendre fut impitoyablement massacré. D'un autre côté, de même qu'au temps de Guillaume Tell l'on forçait les Suisses asservis à s'incliner devant le bonnet de Gesler, planté sur une perche au milieu de la place publique; de même en 1832 une soldatesque effrénée obligeait le malheureux paysan vendéen à saluer le drapeau tricolore. Un voyageur ne pouvait traverser la Vendée sans qu'un sbire insolent vînt lui arracher son portefeuille, sous prétexte de le visiter. Partout se manifestait un retour marqué vers le despotisme militaire établi par l'empire.

Un jour que l'on procédait à Vitré aux opérations du recrutement, le maire d'une commune voisine, rentrant dans sa demeure avec son fils, fut cruellement assassiné. L'on se persuada, sans motif peut-être, que l'auteur du crime était un jeune conscrit appelé pour le tirage; et sans plus attendre, M. de Rumigny, aide-de-camp du roi, qui se trouvait sur les lieux, donna l'ordre d'arrêter tous les conscrits sans distinction. En toute autre circonstance il eût été difficile sans doute d'exécuter un ordre semblable; mais en ce moment la force militaire enveloppait toute la contrée, et dans quelques heures Vitré se remplit de prévenus que la gendarmerie amenait de tous côtés. Afin de saisir plus sûrement le coupable, l'on n'hésita point à faire arrêter quelques centaines d'innocens. Malheureusement, ce fut en vain. Confronté avec tous les jeunes gens appelés pour le tirage, le fils de la victime ne reconnut point parmi eux l'assassin.

Cependant le but principal que s'était proposé le ministère, en faisant occuper militairement la Vendée, était de parvenir à un désarmement général, et pour y réussir rien ne fut épargné. Déjà bon nombre de paysans avaient remis volontairement leurs armes; d'autres, redoutant les visites domiciliaires, s'en étaient débarrassés en les abandonnant dans les champs; quelques-uns enfin, plus obstinés, les tenaient soigneusement cachées. Pour forcer à les livrer tout moyen fut bon, toute mesure permise. Sous la restauration, des fusils d'honneur avaient été distribués à quelques Vendéens, pour prix d'une action d'éclat. Ces armes, signalées, les exposèrent à mille vexations. Lorsqu'un paysan refusait de livrer son fusil que souvent il n'avait plus, dix ou douze soldats établis dans sa demeure étaient autorisés à y vivre à discrétion. La provision de blé destinée à nourrir toute une famille pendant l'année disparaissait en quelques jours sous la dent de ces hôtes affamés, tandis que les bestiaux garnissant la ferme étaient immolés à leur voracité. En vain le malheureux paysan protestait-il que ce fusil d'honneur réclamé avec tant d'instance, il ne le possédait plus depuis long-temps ; des garnisaires intraitables s'obstinaient à occuper sa ferme aussi long-temps qu'ils y pouvaient trouver quelque chose à dévorer.

Du fond de sa retraite, la duchesse de Berry apprenait les cruelles persécutions dont ses fidèles serviteurs étaient l'objet, et son cœur en était vivement affligé. Quatre mois s'étaient écoulés depuis qu'abandonnant le théâtre de la guerre, la princesse s'était retirée à Nantes, et déjà, dans le public, l'on en paraissait moins occupé. Quelquefois l'on cherchait à se persuader que, désespérant du salut de sa cause, elle s'était éloignée de la Vendée. Puis en réfléchissant que nulle part à l'étranger l'on ne constatait sa présence, que l'intérêt de ses partisans l'obligeait cependant à se montrer, afin de faire cesser les persécutions et l'espionnage auxquels, à son sujet, ils étaient sans cesse exposés, l'on était obligé de convenir qu'elle habitait encore le sol de la France.

Enfin un ministère nouveau se forma au mois d'octobre, et d'avance harcelés par l'opposition, menacés de paraître devant les Chambres sans influence certaine, sans majorité acquise, les membres du cabinet se décidèrent à conquérir la popularité aux dépens de la duchesse de Berry. Son arrestation fut résolue.

Au nombre des agens que la princesse employait avec le plus de confiance, se trouvait un Italien, nommé Deutz qui, par l'apparence du dévouement et par d'éminens services, avait acquis des droits à son estime. Juif de naissance, il appartenait ainsi à cette nation qui, depuis Judas, a la réputation de tout vendre. Deutz s'était fait chrétien en 1822, et depuis cette époque, protégé par l'archevêque de Paris, il parcourut une brillante carrière. C'est lui qui à Massa dirigeait l'armement du Carlo-Alberto; c'est à lui que s'adressa la police, et sur la promesse d'une somme d'argent considérable, il promit de livrer la princesse.

Dans les premiers jours de novembre, Deutz arriva à Nantes, accompagné de divers agens que la police expédiait de Paris pour seconder l'expédition. Déjà connu de la princesse, Deutz parvint aisément à s'introduire auprès d'elle, dans la demeure de mesdemoiselles Duguiny, que la duchesse de Berry n'avait pas quittée depuis le 7 juin. Cependant tout en admettant l'apostat en sa présence, la duchesse ne jugea pas convenable de s'écarter du système de précaution qu'elle avait constamment suivi jusqu'à ce jour. Toutes les fois qu'elle recevait quelque étranger, la princesse affectait de paraître en costume de voyage, et M. de Mesnars l'accompagnait une casquette sur la tête et la canne à la main, de manière à persuader qu'arrivant à l'instant elle se disposait à repartir. Deutz lui-même fut dupe de ce stratagème, et pour consommer plus sûrement sa trahison, il sollicita sous divers prétextes une seconde entrevue qui fut fixée au 6 novembre.

Ce jour les autorités civiles et militaires de la ville et du département se tinrent sur leurs gardes. Bien avant l'heure fixée, tout était prêt pour cerner la maison qu'habitait la duchesse de Berry. Les troupes de la garnison réunies sur la place du Cours, sous prétexte de se livrer à des manœuvres extraordinaires, n'en étaient pas éloignées de plus de cent pas; depuis le matin des agens de police en surveillaient l'entrée, et lorsqu'à cinq heures du soir, Deutz vint donner avis qu'il venait de quitter la princesse au lieu du rendez-vous, dix minutes suffirent pour cerner l'îlot dont fait partie la maison que l'on voulait fouiller. M. de Mesnars regardait par hasard à la fenêtre, au moment où un bataillon d'infanterie débouchait dans la rue; il se hâta de donner l'alarme. Le dîner était servi, les convives allaient se mettre à table, il fallut cependant ajourner le repas et gagner en toute hâte l'une des cachettes pratiquées à l'avance dans la maison. La plus sûre était un réduit de trois pieds carrés, pratiqué dans une mansarde et dont l'unique entrée se trouvait masquée par une plaque mobile, couvrant le fond de la cheminée. L'on n'y pouvait entrer qu'en se traînant sur les mains, et ce réduit, d'ailleurs fort étroit, n'était destiné qu'à recevoir deux personnes. Il fallut cependant en loger quatre, la duchesse de Berry, M. de Mesnars, mademoiselle de Kersabiec et un avocat, prévenu de complot politique, qui, récemment évadé des prisons de la ville, était venu momentanément chercher un asile auprès de la duchesse de Berry. Debout, serrés les uns contre les autres et pouvant à peine respirer, les quatre reclus attendirent ainsi le résultat de la perquisition. Déjà les généraux commandant la division et le département, le maire, le préfet qui voulurent eux-mêmes assister aux recherches et diriger l'opération, frappaient à coups redoublés à la porte de la maison. Après quelques instans d'hésitation, l'on ouvrit enfin, et dans un moment la maison de mesdemoiselles Duguiny fut envahie par la force armée. Des gendarmes s'établissent dans tous les appartemens, et partout s'exerce une active surveillance. L'absence de plusieurs convives dont la place était marquée à table par le nombre de couverts, quelques restes de papiers brûlés ou déchirés, confirmaient le rapport de Deutz. Une première cachette d'ailleurs fut bientôt découverte. Assez spacieuse, elle contenait des médailles et des pièces de monnaie à l'effigie de Henri V; une trentaine de mille francs en argent, des caractères d'imprimerie, des proclamations; mais rien cependant qui annonçât d'une manière précise le séjour en ce lieu de la duchesse de Berry. Les perquisitions se prolongeaient depuis plusieurs heures, et déjà l'on avait fouillé la maison à diverses reprises, depuis la cave jusqu'au grenier, sans avoir rien découvert. La nuit entière s'écoula ainsi en vaines recherches. L'on commençait à se décourager; peut-être même aurait-on perdu tout espoir, sans l'assurance de Deutz qui, quoique étonné de voir la perquisition sans résultat, jurait sur sa tête que la princesse n'était pas loin. L'on résolut donc de prendre les assiégés par la famine et de démolir même, s'il le fallait, la maison, afin d'en connaître les plus secrets détours. Dès le matin, pour manifester hautement cette volonté persévérante, l'ordre fut donné de relever les troupes qui, depuis la veille, formaient le blocus. A la pointe du jour des compagnies fraîches remplacèrent les bataillons de la garde nationale et de la ligne qui avaient passé la nuit sur pied.

Les captifs, cependant, n'avaient compté que sur une perquisition passagère, sur une de ces visites domiciliaires si fréquentes à cette époque, et que l'on abandonnait d'ordinaire au bout de quelques heures, lorsqu'elles n'amenaient aucun résultat. Ils commencèrent donc à trouver celle-ci un peu longue. Debout, à la gêne dans l'espace étroit où

ils étaient confinés, tourmentés par la faim et res-
pirant à peine, ils se virent bientôt exposés à une
incommodité nouvelle. La force armée occupait
tous les appartemens; la nuit était froide, la veil-
lée se prolongeait; et deux gendarmes placés en
observation allumèrent un grand feu, précisément
dans la cheminée dont la duchesse de Berry n'était
séparée que par une simple tôle. En peu d'instans
la chaleur devint insupportable. Dans la crainte d'é-
touffer, les prisonniers se virent obligés d'écarter les
ardoises qui formaient le toît au-dessus de leur tête.

Pendant seize heures la duchesse de Berry et
ses compagnons d'infortune demeurèrent dans
cette horrible position, au milieu des plus
cruelles angoisses, s'attendant à chaque instant
à être découverts. A diverses reprises l'on vint
sonder la muraille sur laquelle ils étaient ap-
puyés; chaque coup de marteau leur répondait
au cœur. Deux fois enflammée par la plaque échauf-
fée de la cheminée, la robe de la duchesse de
Berry avait pris feu, et pourtant, malgré cet état
de gêne et de souffrance, elle conservait un cœur
tranquille, un air calme et serein. Plusieurs fois,
pendant la nuit, elle s'endormit, assise sur ses talons.

Enfin, vers dix heures du matin, accablé de
faim et de fatigue, ne pouvant se soutenir, M. de
Mesnars supplia la princesse de se rendre. Deux
fois déjà depuis quelques heures il avait été sur
le point de se trouver mal; il fallut céder, et frap-
pant du pied contre la plaque de la cheminée, la

duchesse de Berry dit qu'elle se rendait. A l'instant les gendarmes enlevèrent les tisons, un ressort fit tourner la plaque mobile, et se traînant sur les mains, exténuée par la faim, noircie par la fumée, la duchesse de Berry parut dans l'appartement. C'est alors que posant le doigt sur un tison mal éteint dans l'âtre du foyer, elle se brûla cruellement. Un lit se trouvait près de là, et tandis que ses compagnons d'infortune sortaient de leur retraite, la duchesse de Berry s'y reposa un moment.

Avertis de cette importante capture, le préfet du département, les généraux, le colonel de la garde nationale, se rendirent en toute hâte auprès de la princesse. L'ordre fut donné de la traiter avec les plus grands égards; sur-le-champ, une triple haie de troupes de ligne borda la largeur de la rue qui sépare la demeure de mesdemoiselles Duguiny, du gothique château de Nantes, et s'appuyant sur le bras du général d'Hermoncourt, la duchesse de Berry s'y rendit aussitôt. Le silence le plus profond régnait dans tous les rangs, et ce fut un spectacle vraiment digne de remarque que ce calme de tout un peuple en pareille circonstance. Quelques mois auparavant les détenus politiques, en traversant les rues, se voyaient exposés aux plus graves dangers; la duchesse de Berry se rendit au château sans qu'un cri outrageant, sans qu'une parole injurieuse vînt frapper son oreille. La garde nationale et la troupe de ligne, les curieux mêmes qu'avait attirés cette grande nouvelle, conservèrent une attitude silencieuse; tant est mobile la disposition des esprits, tant est naturel et profond le sentiment de respect qu'inspire une grande infortune!

Cet événement, au surplus, causa moins de sensation que l'on ne devait s'y attendre. Si souvent, depuis cinq mois, l'on avait annoncé l'arrestation de la duchesse de Berry, que l'intérêt s'était émoussé. Le peuple à Nantes n'en parut pas plus occupé que si la capture s'était opérée à cent lieues de là. En même temps cependant, un sentiment général d'indignation éclatait contre l'infâme trahison dont la duchesse de Berry avait été victime. On comparait la conduite de Deutz, honoré de la confiance de la duchesse de Berry, avec celle de ces pauvres filles, servantes de mesdemoiselles Duguiny, que les promesses les plus brillantes n'avaient pu séduire. Il existe au fond des cœurs un sentiment de morale et de justice que l'esprit de parti même ne saurait étouffer. Ainsi, sans distinction d'opinions, il s'éleva contre Deutz un cri général d'exécration; et tel qui eût volontiers vendu sa conscience à moindre prix, se donnait cependant le mérite facile de flétrir le traître de tout son mépris. *

---

* Un motif tout différent inspira à M. Crémieux, juif de naissance,

La duchesse de Berry supporta avec résignation ce nouveau coup du sort; son courage n'en fut point abattu, mais parmi ses partisans la douleur fut extrême. Cette nouvelle sembla ranimer leur ferveur et leur dévouement; son malheur la rendait en quelque sorte sacrée; on révérait tout ce qui lui avait appartenu, ce qu'elle avait touché. Sa robe à demi brûlée, partagée en mille morceaux, devint une espèce de relique que l'on se disputait avec avidité.

---

avocat à la cour de cassation, une lettre adressée à Deutz, et que tous les journaux s'empressèrent de publier.

Monsieur,

Toute relation doit cesser entre vous et moi; je vous ai entendu deux heures, c'est assez. Si vous étiez traduit en criminel devant un tribunal, si vous m'appeliez comme avocat, je ne vous refuserais pas mon ministère; tout accusé a droit de l'invoquer; mais vous êtes libre, dans tout l'éclat du triomphe lucratif, objet de votre ambition. Je n'ai rien à faire pour vous. Si c'est pour vous justifier aux yeux du public, la France est sourde à la justification d'une lâcheté; il faut subir la honte, quand on a consommé la trahison. D'ailleurs, je ne vois rien pour excuser un crime que je déteste, et qui ne vous traîne pas devant d'autres juges que l'opinion publique; si vous avez compté sur moi comme votre co-religionnaire, que votre erreur finisse, vous n'appartenez maintenant à aucun culte; vous avez abjuré la foi de vos pères, et vous n'êtes plus catholique; aucune religion ne vous veut et vous ne pouvez en invoquer aucune; car Moïse a voué à l'exécration celui qui commet un crime comme le vôtre, et Jésus-Christ livré par la trahison d'un de ses apôtres est un fait assez éloquent aux yeux de la religion chrétienne.

Signé, A. Crémieux.

Jusqu'à ce moment, l'on ignorait encore quelle serait la résolution du ministère à l'égard de la princesse. D'anciennes circulaires émanées du ministère de la guerre ordonnaient, dans le cas où l'on viendrait à s'emparer de sa personne, de la conduire à Nantes ; et l'on supposait assez généralement dans le public, que sa résidence demeurait fixée au château. Cependant, dès le 9 novembre au matin, l'on apprit que pendant la nuit la duchesse de Berry avait descendu la Loire, accompagnée de M. de Mesnars et de mademoiselle de Kersabiec. A St-Nazaire, en effet, depuis quelques jours, une corvette était disposée pour la recevoir. Le surlendemain, elle mit à la voile, et après quatre jours d'une traversée périlleuse, la duchesse de Berry arriva devant la citadelle de Blaye. Pendant ce long trajet, au milieu des plus graves dangers, le courage de la princesse ne se démentit pas un instant : elle plaisantait même avec autant d'esprit que de gaîté sur les incidens du voyage. Enfin la duchesse mit pied à terre, et sur le champ elle entra dans la forteresse dont les portes se fermèrent pour long-temps sur elle. Un logement complet était déjà préparé. Depuis trois mois, espérant de jour en jour découvrir la retraite de la princesse, le ministère avait fait meubler et disposer à Blaye des appartemens convenables pour la recevoir.

Isolée, confinée dans une forteresse, la duchesse de Berry avait perdu tous moyens d'action et d'influence ; les Vendéens , découragés , faisaient leur soumission. Aucun prétexte désormais ne restait au ministère pour agir avec sévérité, pour sévir surtout par des mesures d'exception. Un double motif d'ailleurs devait le déterminer à y renoncer : d'un côté le respect pour les lois ; de l'autre le sentiment de sa dignité. Les lois d'exception, en effet, sont un signe certain d'impuissance et de faiblesse ; l'homme de génie sait toujours s'en passer : mais, invoquant encore un vain prétexte de nécessité que démentait chaque jour l'état des choses, le ministère s'obstina à laisser la Vendée en dehors de la légalité. Maintenu dans toute sa rigueur, l'état de siége la livra sans défense au despotisme militaire, à l'arbitraire du soldat. Les protestations cependant, les pétitions, les conseils, les représentations de toute espèce ne manquèrent point au ministère; il n'en fut point ébranlé. Reposant sur des faits, basées sur le texte même de la charte, les plaintes de la Vendée étaient pourtant de nature à faire impression; il suffit, pour s'en convaincre , de citer quelques fragmens d'un discours qui, composé pour une occasion solennelle , lors de la discussion de l'adresse au roi, à l'ouverture de la session de 1832 , ne fut point prononcé :

« Vous voulez, disait-on à la chambre des dépu-
« tés, vous voulez approuver l'état de siége, appre-
« nez du moins comment on l'exécute dans la Ven-
« dée. En retraçant les faits, je m'expose, je le sais,

« à de graves reproches. L'on m'accusera de cher-
« cher à soulever les passions, d'agir par esprit de
« parti ; non , messieurs, loin de moi cette pensée
« étroite et mesquine. En aspirant à l'honneur de
« siéger parmi vous, je me suis proposé un but et
« plus grand et plus noble. Je n'appartiens à au-
« cun parti, et je m'en glorifie ; mais j'ai acquis,
« peut-être, le droit de blâmer les excès, de quel-
« que part qu'ils viennent. Qu'il me soit permis de
« le dire, messieurs, c'est à la majorité de cette
« chambre que s'adresse à juste titre le reproche
« de partialité ; je cherche parmi vous du patrio-
« tisme, et je n'y vois que de l'esprit de parti ; la
« France a soif de légalité, et vous lui léguez l'ar-
« bitraire. Deux ans à peine se sont écoulés depuis
« que la nation s'est soulevée en masse pour défen-
« dre la charte, et déjà vous votez des lois d'ex-
« ception ! Eh quoi, messieurs , cette révolution
« qui, dans le principe , s'est montrée si grande, si
« généreuse , doit-elle donc dégénérer entre vos
« mains ? Au jour du combat elle épargna ses enne-
« mis, et pour devise vous prenez aujourd'hui,
« après la victoire : *vœ victis*, malheur aux vain-
« cus ! Ah ! si vous voulez assurer le repos de la
« France, et fermer à jamais l'abîme des révolu-
« tions, ralliez par la justice les hommes généreux
« qui ne demandent qu'à s'unir à vous. Gardez-
« vous de la persécution ; dans le temps où nous
« vivons, elle est plus dangereuse pour le gouver-
« nement qui l'exerce, que pour les sujets qui en

« souffrent. N'allez pas surtout épuiser contre le
« faible des rigueurs inutiles, car cette faiblesse
« deviendrait bientôt capable de braver votre
« puissance. Et pensez-vous, messieurs, que sans
« les persécutions dont ils sont devenus l'objet, les
« Vendéens eussent inspiré de si vives sympathies.?
« Leur but était coupable, leur tentative insensée;
« une éclatante réprobation a frappé leurs pre-
« miers complots; mais le ministère s'est persuadé
« qu'il pourrait impunément écraser des ennemis
« vaincus, et par une excessive sévérité, il a fait
« naître la pitié dans tous les cœurs. L'on a parlé
« de persécutions, et les ames généreuses se sont
« émues. L'on a cité des actes arbitraires, et de zé-
« lés partisans de la liberté ont élevé la voix pour
« les flétrir. Déjà, au dehors de cette chambre, les
« Vendéens ont trouvé de zélés défenseurs, ils n'en
« manqueront pas dans cette enceinte, je n'en sau-
« rais douter. Assez d'autres s'empresseront de
« flatter le pouvoir et d'en faire l'apologie; pour
« moi, je me dévoue à la défense des vaincus. Quoi!
« messieurs, serait-il donc vrai qu'une révolution
« destinée à assurer le règne des lois ne fût que le
« triomphe d'un parti? et nous, gens de bonne foi
« qui demandons la liberté, mais qui la voulons
« pour tout le monde, sommes-nous donc desti-
« nés, toujours dupes des gouvernans, à vieillir
« dans l'opposition?

« Je devine au surplus l'objection de mes ad-
« versaires, et je m'empresse d'y répondre. Les

« Vendéens, dit-on, ont violé la charte et les lois ;
« ils ont perdu le droit de les invoquer. Non, mes-
« sieurs, ce n'est point dans ce sens étroit et borné
« que vous avez conçu la charte : semblable à l'as-
« tre qui nous éclaire , la liberté luit pour tout le
« monde. Elle protège également et les ennemis
« impuissans qui la dédaignent, et les faux amis
« qui en abusent. Ce n'est point contre les gens de
« bien que sont dirigées les lois criminelles ; pour
« eux, il n'en est pas besoin. Le voleur, l'assassin,
« se placent aussi en dehors des lois, et cependant
« on les renvoie devant la juridiction ordinaire des
« cours d'assises ; mais vous , ministres du roi ,
« vous avez traité avec plus de sévérité que des
« voleurs de grands chemins, de malheureux pay-
« sans égarés. Pour juger les Vendéens, des com-
« missions militaires ont été créées ; afin d'assurer
« leur condamnation, vous leur avez donné pour
« juges les mêmes hommes qui les ont combat-
« tus ; vous avez suspendu le cours de la justice ;
« vous avez voulu, comme Brennus, faire pencher
« la balance en y jetant le poids d'une épée. Ainsi,
« messieurs, tandis que M. de Polignac et ses col-
« lègues expient au château de Ham le crime d'a-
« voir violé la charte ; lorsque les paroles énergi-
« ques prononcées contre eux à cette tribune re-
« tentissent encore à nos oreilles, leur exemple a
« trouvé des imitateurs. Dans les voies mauvaises
« où le ministère s'est engagé, il était difficile , il
« est vrai, de se soutenir par la légalié. Craignez,

« messieurs, de vous laisser entraîner à sa suite.
« Députés par la France pour assurer le règne des
« lois, ne donnez pas les premiers, l'exemple de
« l'arbitraire, et qu'on ne dise pas que 1832 n'a
« plus rien à reprocher à 1815.»